お客様は
あなたの接客で
購入を決めている！

「ありがとう」といわれる販売員がしている6つの習慣

Shibata Masataka
柴田 昌孝

Thank you ♥ Thank you ♥ Thank you ♥ Thank you ♥ Thank you ♥ T

同文舘出版

はじめに

「私、販売に向いてないので、退職させてもらいたいのですが……」

私が販売という仕事に就いてから20年の間に、何十回も何百回も、退職希望のスタッフから聞いた言葉です。

この時、私は必ずこう聞き返すことにしています。

「あなたはなぜ、この販売という仕事を選んだんだっけ？」

すると、多くの方がこう答えます。

「私は人と話すのが好きでこの仕事を選んだのですが、なかなか普段通りにお客様と話せなくて……やっぱり向いてないなと思ったんです……」

そう、彼女、彼らはきっと友人や知り合いとのおしゃべりは好きだけど、お客様とのコミュニケーションが取れなかったのです。

おしゃべりが好きなことと、コミュニケーションが得意なことは似ているけれど、まったく違うものなのです。

おしゃべりは素人でもできますが、売り場でのコミュニケーションは販売員のプロとしての対応です。

友達がたくさんいるからといって、顧客がつくれるとは限りません。

気に入ってもらうことはその場のノリでできても、買っていただくことは信頼されないとできません。

店舗に勤めるショップ店員は入れ替わりが多く、どの店でもスタッフが足りていない状況にあります。そんな中、昨日まで工場で勤めていた女性が、今日からショップ店員に転職して、いきなり店に立たされる場合も少なくありません。

結果として店には、

「無理に売ろうとして不快にさせる店員」

「お客様の空気がまったく読めない独りよがりな店員」

「笑顔のない能面店員」

「ただ突っ立っているだけの店番店員」

「お客様の後ろをつけまわす尾行店員」

「店員同士でずっと雑談しているお客様無視店員」

……いわゆる素人店員が増えてしまうのです。


モノが売れないのは、お客様が悪いわけではありません。販売員として商品のせいにするわけにもいきません。

お客様に買いたいと思っていただける販売技術を持った販売員がいないだけなのです。もっといえば、お客様に感動と衝動を与える販売員がいないだけなのです。


私は現在、洋服のレディスショップ、メンズショップを経営するかたわら、カリスマ店員を生み出したマルキューこと「SHIBUYA109」をはじめとする全国の商業施設で、販売員育成のセミナー講師をさせていただいております。

そして同時に、今も店頭に立つ現役販売員でもあります。

販売の仕事に就いて20年の間に本当にたくさんの販売員を見てきました。

また、今では講演先のファッションビルや郊外ショッピングセンターなどの商業施設で、大勢の店長達や販売員の方々とお話をする機会があります。

私が出会ってきた中で、販売員のプロ中のプロ、売れる販売員達には共通点がありました。その人達には、お客様が「ありがとう」といって買っていき、そして、お客様がまた会いたくなる販売員であるという「販売における人間力」があったのです。

月並みな言葉ですが、売れる販売員達は「商品と一緒に自分も買ってもらうこと」を実践しています。

しかし、現状は残念なことに、肝心なその「販売における人間力」を指導している店・会社が圧倒的に少ないのです。


講演先やその店頭現場では、たくさんの悩める販売員の方々とお会いします。

彼女、彼らは、商品を売るために、商品知識を徹底的に覚え、販売のロールプレイングを何度もやり、販売トークを練習し、商品コーディネートの勉強をしています。

それらを否定するつもりはありませんし、必要なことだと思います。しかし、何度もいいますが、本当に売れるために必要なのは、そのようなことではないのです。

大切なのは、「自分も買っていただくこと」、「販売における人間力」アップのために自分を磨くことなのです。

そんな自分磨きの実例を通しながら、売れる販売員になる方法を形にしたいと思い、本書を書きました。

ただ単に、「売る」ためだけのノウハウ本はたくさんありますが、私は販売員自身が成長していくことでお客様にモノが売れていく（＝お客様を喜ばせることができる）、そんなバイブル本を書きたかったのです。

なぜなら、売れないのは、お客様や商品が悪いわけではないのですから……。

本書はこんな販売員の方に、ぜひ読んでいただきたいと思っています。

✣おしゃべりが好きだけど、お客様とのコミュニケーションができない方
✣商品説明はできるけど、その商品が売れずに悩んでいる方
✣お客様を顧客（リピーター）化できない方

✣丁寧な応対はできるけど、売上につながらない方

✣商品を気に入ってもらえるけど、買っていただけない方

このようなことに思い当たる方、本書にはあなたの問題を解決するヒントが必ずあります。また、事例はアパレル関連が多く出てきますが、基本的には販売にたずさわる方なら、どの小売業にもサービス業にも当てはまります。

この本を読んで、ひとりでも多くの方が販売という仕事に、楽しみと喜びと誇りを持ち、お客様から「ありがとう」といわれること。そして、販売という仕事を通した自己成長が、みなさんの人生に多大なる幸せをもたらしてくれることを願っております。

2010年9月

柴田　昌孝

目次✣「ありがとう」といわれる販売員がしている6つの習慣

2章　売れる販売員から自分磨きを学ぼう

3章 コミュニケーションを磨く販売員の成功例

4章　第一印象を磨いてお客様にアプローチしよう

5章　お客様に気持ちよく買い物してもらう工夫

6章

「ありがとう」といわれる販売員の「自分磨き」の習慣

おわりに

カバーデザイン・新田由起子（ムーブ）
本文DTP・マーリンクレイン

1章

お客様に喜ばれる販売員は「自分を磨く」

あなたが販売という仕事を選んだ動機を教えてください

さて、ここでひとつ質問があります。

「あなたが販売という仕事を選んだ動機はなんですか？」

私はスタッフの個人面接や講演先で、必ずこの質問をします。返ってくる答えはたいてい2種類です。

ひとつは、「洋服（もしくはブランド）が好きだから」。

もうひとつは、「人に接するのが好きだから」。

そして、その後こう質問を続けます。

「では、あなたが今やっている仕事は？」

すると、その答えは決まって、

「販売という仕事です」

洋服が好きで応募した仕事だけれど、やっている仕事は洋服を売るという「販売」の仕事。

人に接するのが好きで応募した仕事だけれど、やっている仕事はお客様に商品を売るという「販売」の仕事。

この「販売」という仕事は、「まずは1週間続けられたら大丈夫」といわれるくらい、1週間以内に辞める人が多い仕事です。

なぜでしょうか？　冒頭のやりとりにあったように、「洋服が好き」という思いから「洋服を売りたい」という思いに変化できない人は、つらくなって辞めてしまうのです。

同じように「人と話すのが好き」という思いから「お客様とコミュニケーションをとって売りたい」という思いに変化できない人も辞めてしまいます。

洋服が好きなことと、洋服を販売することはまったく別のことなのです。

人と話すことが好きなことと、お客様とコミュニケーションをして売ることはまったく別のことなのです。

入社の動機がなんであろうと、「売る」ということが肯定できない人は、販売の仕事を続けられないでしょう。

しかし、「売る」ということを肯定することは、実はそんなに難しくないことに気づいてもらえると思います。

なぜなら、**お客様に喜んでもらうことが、「売る」ということ**なのですから。

そう。販売とは、お客様に喜んでもらうこと。

そして、売上とは、お客様に喜んでいただいた目に見える結果なのです。

販売は「売る」という仕事の「現実」をしっかりと肯定しなければいけない仕事です。

私は、富山県の井波町（現南砺市）という人口1万人弱の小さな町で、父と母が営む洋装店の長男として生まれました。私が赤ん坊だった頃、母親は小さい私を背負いながら店に立ち、販売をしていたようです。

少し大きくなって物心がつき、保育所から帰ってくる私の遊び場はその店の中でした。

小さい頃から、両親がお客様に頭を下げる姿、そしてお客様と両親が互いに「ありがとうね」といい合う姿を見ながら育ちました。

お客様が、両親に大変感謝してくださっていたのは子供心によく覚えています。お客様から「この店があるから助かっている」と感謝され、家の畑で採れたという野菜などを持ってきてくれることは日常茶飯事でした。

今でも感謝しているのは、そのおかげで「販売」という仕事が、お客様から感謝される大変すばらしい仕事だと誇りに思えていることです。

売れる販売員はみなさん、この仕事が大好きです。そして、誇りに思っています。だから、自分の「人間力」を発揮できるのです。

両親とお客様は、いつも互いに「ありがとう」をいい合っていると書きました。

あなたが現在就いている、もしくはこれから就こうとしている「販売」という仕事は、お客様に「ありがとうございました」というのが目的ではありません。むしろお客様から「ありがとう」といってもらうのが目的なのです。

お客様から「ありがとう」といっていただく。そのためには、あなたの「人間力」が欠かせないのです。

売れる販売員に必要な要素とはなんですか？

では、売れる販売員とは具体的にどんな人でしょうか？　あなたがいつも行く店の好きな店員さん、売れている店員さんを思い浮かべてみてください。

例えばこのような要素が出てくるのではないでしょうか。

✣笑顔が素敵であること
✣説得力があること
✣お客様のニーズがわかること
✣気配りができること
✣お客様の立場になっておすすめすること

きっともっとたくさん出てくるかもしれませんね。

では、もう1問。あなたが実際に店舗で教わったことはどんなことですか？

- 開店業務
- 閉店業務
- レジ業務
- 商品説明
- 伝票の処理
- 検品、返品の仕方

これらではないでしょうか。

比較するとわかると思いますが、店では日々、店長や本社から、「商品を売って」といわれますが、実際に「売れる販売員に必要なこと」を教わっていないのです。

前述の「好きな販売員・売れる販売員の要素」を見ると、すべて「人間力」につながっていることに気づいてもらえると思います。

売れるために最も大切なのは、店では教えてくれない「**販売における人間力**」です。

「でも人間力なんて生まれつきの天性だもの。努力したってしょうがない」なんて思わないでください。

私がいっているのは、**販売員とお客様という関係における人間力**のことです。

「販売における人間力」とは、販売という仕事の中で、**自分を磨きながらつくり上げていける**のです。その実例と方法を、この本で紹介していきたいと思っています。

年間1億円売る販売員達は、雑談だらけ

私は大学卒業後、大手呉服チェーン「やまと」に入社しました。志望動機は、特に呉服販売がしたかったというわけではなく、高額品の販売で自分の販売力を磨きたいというものでした。

学生時代にジーンズショップでアルバイトし、販売の楽しさを覚え、次は高額品の販売で自分を試してみたいという思いがありました。

呉服じゃなくても、車でも、ピアノでも、美術品でも、高額ならば何でもよかったのです

が、実家が洋装店ですし、衣類の一番高額のものを売ってやろう！　ということで呉服に決めました。

その呉服チェーンには2千人の販売員がいます。その中で、常に年間1億円以上のトップの売上を叩き出すYさんという40代の女性販売員がいました。入社後、私は運よくそのYさんがいる店舗に配属されました。私はその1億円売るYさんの下で、呉服販売のノウハウを学ばせてもらうことができたのです。

そして、この1億円売るYさんの販売方法に驚きました。なんと、お客様との会話のほとんどが、雑談なのです。

振袖を選ぶ若い女性には呉服の話より彼氏の話題で盛り上がり、同年代の女性には趣味や家庭の話題……といった具合で、呉服の話題は全体の半分もないかもしれません。

これで、年間1億円を売るなんて、私は不思議でした。

ある日、私はYさんに「雑談は何か意図していらっしゃるのですか？」と聞いたことがあります。すると、

「商品だけを売ろうとするから売上は5千万円で止まるの。お客様とたくさん話して、商品

と自分を一緒に売るから1億円以上売れるのよ！」

と返ってきました。Yさんは一度も「人間力」などの難しい言葉を使いませんでしたが、間違いなく「販売における人間力」を誰よりも知っている人だったのです。

もうひとり、1億円プレーヤーの販売員を紹介します。それは、実は私の母親です。前述したように、実家は人口1万人弱の小さい町の洋装店。しかし、町の誰もが知る地域一番の繁盛店でもありました。

もちろん、母親の販売力がその源です。いや、販売力という言葉は田舎ではふさわしくありません。これこそ、人間力といったほうがいいでしょう。店の年間売上1億2千万円のうち1億円以上を自分で売っていたのですから。

その母親ですが、町の情報屋といわれるくらい、町のいろいろなことを知っていました。もちろん母親も販売の半分は雑談。例外なく、雑談王だったのです。

そそこの売上の販売員は、商品を売ることだけに真剣です。しかし、驚きの売上をつくり上げる販売員は、**商品よりも自分を売ることに真剣**なのです。

雑談を通して売り込む自分自身こそが、「販売における人間力」そのものといえるのです。

マルキュー店長達から「自分磨き」を学ぶ

私が、初めて「ＳＨＩＢＵＹＡ１０９」の店長達に講演をさせていただいたのが、２００４年10月。私が37歳の時です。

ＳＨＩＢＵＹＡ１０９といえば、「カリスマ店員」や「マルキューギャル」といった多くのファッション文化を生み出したギャルの聖地です。

私が販売員育成のセミナー講師の仕事を始めたのが、この２００４年。ビギナー講師として駆け出しだった私の3回目の講演先が、ＳＨＩＢＵＹＡ１０９という大舞台だったのです。聞けば、ＳＨＩＢＵＹＡ１０９では、初めて外部の講師を呼んでの研修だったらしく、その記念すべき第1回目の講師に私が選ばれたのです。

その時、これまでなかった不安が頭をうず巻きました。

というのも、私の講演内容といえば、「熱き販売員としての人間力」「販売員の自分磨き」がテーマ。その「人間力」や「自分磨き」というキーワードが、ギャルであるマルキュー店長達に伝わるのだろうか？　という不安が出てきたのです。

独自のギャル語を使い、原色の服をまとい、日焼けサロンで肌を真っ黒に焼いている、そんなマルキューギャルに、果たしてどこまで私の想いが届くのだろうか？　不安は膨らむ一方です。


そして、いよいよ当日。ＳＨＩＢＵＹＡ１０９から歩いて1分のホテルの大広間に続々と集まってくるギャルファッションのマルキュー店長達。

とうとう総勢１２０名の店長が揃いました。


開演の少し前、私を講演に呼んでくださったＳＨＩＢＵＹＡ１０９商店会の事務局長が、ポツリと話しかけてくださったのです。

「マルキューの店長達に、テクニックや難しい説明はいらないよ。柴田さんの熱い気持ちをぶつけてくれるだけでいいよ」と。

そして、90分の講演が始まりました。

始まって1分。私の不安はものの見事に吹っ飛びました。

店長達の視線が熱いのです。

ギャルメイクで見つめる目が熱い。

うなずく店長、ジッと凝視する店長、しきりにペンを走らせる店長……まるで、一つひとつの言葉さえも聞き逃さないというような熱意が感じられ、まるで進学塾で熱血受験生がゼミの授業を受けているように熱かったのです。

私も店長達の熱い視線と、熱気に後押しされるように、無我夢中にしゃべり、吠えました。演台を右に左にとにかく動き、我を忘れてしゃべり、汗だくになり、90分があっという間に終わりました。

気がつくと店長達の大きな拍手に包まれていました。


どれだけ「人間力」の話が通じるだろうか……と不安に思っていた私は、どうやらＳＨＩＢＵＹＡ１０９のカリスマ店長達を甘く見ていたようでした。

講演後、大勢の店長達が質問に来てくれました。とにかく元気な店長達。ギャル語といわれる少し意味不明な言葉や舌足らずの口調も、不思議と説得力のある魅力的な言葉に聞こえてきました。

そして、事務局長にこういわれました。

「柴田さん、うちの店長達は熱いだろう！　なぜだかわかりますか」

「さぁ？　なぜですか？」

　事務局長の言葉はこう続きます。

「ＳＨＩＢＵＹＡ１０９は、店舗の入れ替わりがすごく激しいので、数字を出すことが求められます。数字が出ればいい場所へ移れるけど、数字が出せなければ好立地から外されるか、最悪の場合、撤退だってあります。

　彼女達は、１年後、半年後の自分の職場を確保するため、いや、もっというならば、**自分の存在価値のために真剣**なんです。数字をめぐって、泣き笑いしながら、日々自分を磨いている。マルキューという聖地に残るためにです。

　だから、柴田さんの言葉一つひとつにも、売れるヒントがないか、真剣に聞いているんですよ」


　後日、店長達から回収されたアンケートが届き、たくさんのうれしい言葉が書いてありました。

　どうやら、私の「今も店頭で販売をする現場社長の生々しい体験からの講演」というスタイルが彼女達の共感を呼び、胸に響いたようでした。

　真剣な思いは伝わりました。彼女達は私以上に仕事に熱かったのです。

ＳＨＩＢＵＹＡ１０９を、「マルキューブランド」として昇華させたのは、確かに経営面での戦略もあるでしょうが、何といってもカリスマ販売員のマンパワーが大きいと思います。マンパワーそのものが経営の原動力です。

この講演で、真剣に聞いてくれた10代、20代のカリスマ店長達。その見た目からは想像がつかないほどのエネルギーと、自分を磨くパワーを教えてもらいました。

「優雅に泳ぐ白鳥ほど、水面下で足をたくさん動かしている」

一見、外から見ると、マルキューというブランド力や、ギャルのノリで大きな売上をつくっているように見えるけれど、その水面下では想像できないほどの危機感を持ち、徹底的に販売努力と自分磨きを続けている店長とスタッフ達がいるのです。

売れる販売員は、お客様のこと（買上）を考え販売する。
売れない販売員は、自分の立場（売上）を考え販売する。

ＳＨＩＢＵＹＡ１０９で講演をさせていただいた次の週に、関東にある30店舗ほどのテナントが入居する郊外ショッピングセンター（以下ＳＣ）で、講演をすることになっていました。

対象は同じく店長達。

話を聞くと、翌年そのＳＣの近くに大型ＳＣができるらしく、それに負けない販売力アップのための講演をお願いされたのです。

20年以上も地元密着型で繁栄してきた小規模のＳＣですが、近年は売上が下がっているらしく、このまま近くに大型ＳＣ店が進出してきたら、間違いなくお客様を取られる、そんな危機感からお招きいただいた講演依頼でした。

集まった店長は25名。会議室に入った瞬間、どんよりとした空気を感じました。

下をずっと向いている料理店の店長、あくびをする若いアルバイト店長、ほおづえをつくアパレルの女性店長、ずっと腕を組んで1点を見つめる書店の店長、つまらなそうな表情のミセスアパレルの女性店長……。

完全にＳＨＩＢＵＹＡ１０９の真逆です。

20年もの長い間、地域密着の唯一の店で、無風だった歴史が仇《あだ》となり、危機感を持つこともなく、販売員として自分を磨いていく大切さを忘れているようでした。

講演が始まって30分経ったところで、ある店長が質問してきました。

「あの～先生。すぐに売上が上がる方法を教えてもらうことはできないですか？」

これが、このSCに衰退を招いている根本的な考えなのです。

そこで、私はこう答えました。

「私もみなさんと同業者です。売上がすぐに上がる方法があれば聞きたいくらいです。売上は、楽して売上がほしい人の元から、真っ先に逃げていきます。生意気をいうようですが、売上をほしがる前に、お客様を喜ばせることを考えましょうよ！

お客様を喜ばせるために自分を磨きましょう。今日はそんなお話をさせていただきに来たのです」

私はその女性の質問を聞いて思いました。

やはり売れる人は、常に相手（お客様）のことから考え、売買の「買」から考える。売れない人ほど、常に自分のことから考え、売買の「売」から考えてるのだと。

続けて、先日のSHIBUYA109の店長達の熱いハートの話をさせていただきました。

そして、私が人口8千人の街の小型SCで、9千万円を売り上げる地域一番店をつくり上げた経験もお話ししました。

いつもと同じように商売における人間力の大切さを徹底的に熱く語り、最後はみなさんから大きな拍手をいただいて、終えることができました。


実は、この講演には大切な続きがあります。

後日、あの日すごくつまらなそうな表情をしていたミセスアパレルの女性店長から、このような手紙をいただいたのです。


「過日は講演を本当にありがとうございました。実は、私事でお恥ずかしい話なのですが、講演をお聞きした日は夜に、20年間連れ添った主人と離婚の話を進める予定の日だったのです。

そんな日に偶然、柴田先生の講演を聴き、最初は心ここにあらずという感じだったのですが、講演内容の「相手の立場から考える力」とか「相手の名前を呼ぶことから親密感が生まれる」などの話を聞かせていただいているうちに、私の人生を振り返っておりました。

私の至らなかった点、自分のことばかり考えていた点、相手に思いやりもなかった日々……いろいろとふり返りました。

そして、あの講演の後、家に帰るまでいろいろと考えた末、ずっともやもやしていたものが晴れた気がしました。

私は、夜の話し合いで泣きながら、『もう一度、がんばってみようよ』と、主人に伝えることができました」

この手紙を読んだとき、私は目頭が熱くなっていきました。

販売とは、相手を中心に考え、お客様を喜ばせ、そして自分の人生をもよきものに変えていく、大変尊い仕事なのです。

売れる販売員のキーワードは、やはり「人」にあり

以前、横浜のファッションビルで講演した時のこと。店長への講演後の質疑応答で、このような質問をいただきました。

「柴田さんは富山県の地方で地域一番店をつくられ、ＳＨＩＢＵＹＡ１０９をはじめとする都会で講演をしてらっしゃいます。地方と都会では売れる店づくりは、どちらが難しいので

しょうか？」と。

地方で販売をしていると、都会は通行人が多いので売れそうな気がします。反対に都会で販売をしていると、地方や田舎の場合、競合店が少ない分、売れそうな気がするかもしれません。

私の答えですが、都会と地方、どちらも同じくらい難しい、です。

田舎や地方は競争相手が少ない分、お客様の数も少ないです。よって、リピート客、つまり顧客をつくれないとお店は持ちません。

都会はお客様が多いといっても、競合店数も多く、お客様から選ばれる店づくり、お客様に商品のよさを伝えるプレゼン力がないと、これまた淘汰されてしまいます。たくさんのお客様が店の前を通り、「商品ありき」と思われる場合も多いので、商品の同質化も起きています。

商品がほぼ同じなら、感じがよく、相談できる販売員から買いたいのがお客様の気持ちです。

地方でも都会でも売れるキーワードは、販売員の魅力なのです。

SHIBUYA109のカリスマ店長と、人口1万人弱の小さな町で顧客をつくる母親の話。両極端な立場ですが、20歳のカリスマ店長も、70歳の地方一番店の店員も同じなんです。

SHIBUYA109が唯一無二の存在で魅力的な理由は、東京のど真ん中で、「人間力」でものすごい売上をつくるカリスマ店員が存在するからです。

「人」で他店との差別化ができているからです。

私が見てきた売れている店の共通点も、都会、地方は関係なく、人間力のある販売員、気持ちのよいスタッフ教育ができている店だけです。

売れない店にかぎって、商品のよし悪しばかりを要因と思っています。

その場限り、その日限りだけ買ってもらえばいいのなら、お客様とは商品だけの関係でもよいでしょう。しかし、本書をお読みのみなさんは、また来ていただけるお客様をつくりたいと思っていることでしょう。

ですから私達は、商品しか売れないショップ店員ではなく、自分自身を売り、顧客がつくれる販売員になることが目的です。

自分を磨けば、自分を買ってもらえます。そして、顧客ができていきます。

2章からは、自分を磨き、自分を売る販売を実践している販売員の具体的な習慣を紹介していきたいと思います。

2章

売れる販売員から自分磨きを学ぼう

お客様を喜ばせたいなら自分を磨こう

今までたくさんの販売員を見てきて、痛切に感じること、それは、「**お客様は、販売員次第で態度を変えている**」ということです。

「早くアプローチをすると、お客様はなかなか話してくれない」という販売員がいます。しかし、そのような販売員が遅くアプローチしても、同じようにお客様はなかなか話してくれない場合が多いのです。

自分では、「早い、遅い」が原因だと思っているかもしれませんが、お客様は販売員の表現や接し方に反応している場合がほとんどなのです。

そこで、「販売がうまくいかないのは、お客様が悪い」という、とんだ勘違いをした販売員がいますが、お客様はまったく悪くありません。

お客様は、暗い表情の販売員に暗く反応しているだけ。

明るい表情の販売員には明るく反応しているだけ。

大切なのは、お客様にどんな自分を表現しているかということに尽きます。お客様はそれに合わせて反応を返しているだけなのです。

私達販売員は、よく話してくれるお客様を探すのが仕事ではありません。

買い物目的のお客様を探すのが仕事ではありません。

お客様によい反応をしてもらえるよう、自分を磨き、販売力を磨き、気持ちよく買い物をしてもらうことを念頭に置かなくてはならないのです。

なぜなら、自分が変われば、お客様が変わるのですから。

つまり、自分を磨けば、お客様の反応が変わるのです。

そこで、**「自分磨き」と「お客様に喜んでもらえること」がイコールでつながる**ということに気づいてもらえると思います。

お客様に喜んでもらいたい（＝満足して買ってもらう）ならば、まずは、「自分を磨け！」なのです。

この章では「自分磨き」を実践している販売員の実例を紹介していきます。

お客様とは一期一会——気分の浮き沈みを出さない

私の学生時代からの知り合いに、田中君という友達がいます。彼は大学2年生の時に、当時アルバイトをしていたラーメン屋がつぶれそうになったのをきっかけに、その店を引き継ぐことを決意しました。大学を中退してラーメン店を継承したのです。

当時、何度か食べに行ったことがありますが、なかなかおいしかった覚えがあります。私は大学を卒業し、転勤で大阪に引っ越したので、しばらく連絡を取っていませんでした。

その田中君から数年前、本当に久しぶりに手紙が届きました。

「ラーメン店は開業後3年で閉店してしまいました。今はサラリーマンになり、業務用冷蔵庫の営業で飲食店をまわっています」とのことでした。

閉店した理由、それは顧客がつかなかったことだそうです。

ラーメン店はただ単においしいラーメンがつくれればいいわけではなかったのです。大切なのは、当たり前のようですが、営業時間中のいつ行っても、同じスープの濃さ、同じラーメンの味が提供できることだったのです。

スープは液体です。煮詰めれば濃くなり、水を注ぎ足せば薄くなります。同じ味をつくれなければ、お客様が定着化することもなく、当然お客様の足は遠のきます。

田中君の店は、時間によってスープの濃さが変わってしまったり、日によってチャーシューの味が違ったり……同じ味が提供できず、閉店することになってしまったのです。

どの時間でも、どんな人にも、同じサービスが提供できること。これがお客様との一期一会で最も大切なことなのだと、田中君から学びました。

販売の仕事も同じです。朝は元気がいいけれど、夕方になると午前中の元気が嘘のように疲れているスタッフがいます。

売れた後はすごく感じのいい接客をするけれど、接客がうまくいかなかった時は別人のように覇気《はき》のない接客をする、気分の浮き沈みが激しいスタッフもいます。

また、若いスタッフに多いのですが、恋愛関係が仕事のモチベーションに大きく影響し、恋人とケンカした翌日の仕事は暗くなってしまうスタッフもいます。

当然、そんなスタッフには顧客がつきません。

私は大学卒業後に就職した呉服店に入社してすぐ、店長にこういわれました。

「販売とは演劇だ。店という舞台に出たならば、風邪だろうが、悲しいことがあろうが、常にお客様に同じテンションで、同じ自分を演じなくてはいけない」と。

廃業した田中君の手紙を読んで、当時の店長がいっていた〝演ずる〟という意味が理解できました。

あなたも、店という舞台で同じ自分を演じられるよう、自分を磨いていってください。

お客様は一度会ったあなたの姿にまた会いに来られるのです。

24時間どの時間に食べに行っても同じ味が提供できるプロの店のように、「舞台」に立つ心がまえを持ち、メンタルのコントロールをして店に立つ！　それが自分を磨くということでもあるのです。どんなにプライベートでつらいことがあったとしても、それはお客様にとって何にも関係ないことなのです。

お客様とは「一期一会」、店は「舞台」、そして、私達販売員は店で演じきらなくてはならないのです。

断られた時こそ最高に感じのいい接客を

土日祝日も関係ない販売の仕事は大変忙しく、私の昼食は「早い・安い・うまい」が絶対条件です。以前、私は週末ランチの定番としてカツ丼店に通っていました。

そこに、忘れられない学生アルバイトさんがいました。

その店は、カツ丼を頼むと味噌汁が無料でついてきます。しかし、そのアルバイトさん、追加料金が必要な豚汁をどんどん売る「売れる」販売員なのです。

味噌汁が無料でついてくるのだから、追加料金を払ってもらって、豚汁を売り込むことは難しいことです。

もちろん、たいていのお客様には断られます。

しかし、このアルバイトさんがすごいのは、断られてからなのです。

お客様：「別に豚汁はいいや」

アルバイトさん：「ありがとうございます。とってもおいしいので、よろしかったらぜひ次回はご注文ください。うちの店の自信の豚汁です。よろしくお願いします！」

といって満面の笑み。断られた悔しさどころか、断られて「ありがとうございます」と、さわやかなのです。断られた時の笑顔、対応力が格別にすばらしいのです。

お客様は、断った時の販売員の態度に無意識に注目しています。好かれる販売員と何とも思われない販売員の差はここで出てくるのです。このアルバイトさんは本能的にこのツボを知っていたのかもしれません。

笑顔の対応を見たお客様は、「今日は断ったけど、次回はちょっと食べてみようかな」という気になっていきます。

そして私も、一度は断ったものの、アルバイトさんの引き際の感じよさに、逆に豚汁が気になり、「すいません、やっぱり豚汁お願いします」と、注文してしまった1人です。

商品のおすすめをいかに感じよくできるかよりも、商品をおすすめして断られた時にいかに感じよく対応できるか、後者のほうが販売員の真価が問われます。

断ると、急に態度が変わる感じの悪いスタッフもいますが、断られて顔に出るようじゃまだ半人前です。断られた時こそ、あなたの販売員としての資質が問われているのです。

断られた時こそ、笑顔で「ありがとうございました」と答えましょう。

それが、自分を磨く販売員への第一歩です。

「おいしい生ビールお待たせしました！」——おいしい魔法をかけてみよう

私の行きつけの焼き鳥店に、若い男性スタッフがいます。彼に生ビールを注文すると、「おいしい生ビール、注文いただきましたー！」と店中に響き渡る声で注文が入ります。そんな大変気持ちのいい好青年です。

そして、彼の持ってくる生ビールはなぜかおいしいのです。それは、彼は必ず「めちゃくちゃおいしい生ビール、お待たせしましたー！」と持ってくるからです。

彼の運んできた生ビールを飲むたびに、味覚とは気持ちで変わるものだなとつくづく感じています。

「生ビール、お待ちどおさまです」と持ってきたビールと、「おいしい生ビール、お待ちどおさまです！」と置かれた生ビール。同じものでも、不思議なことに、圧倒的に後者のほうがおいしく感じるのです。

私が仲よくさせていただいている先輩社長も同じです。よく食事に誘っていただくのですが、どの店もいつも本当においしいのです。

この先輩、必ず電話でこう誘ってくれます。

「めちゃくちゃうまい焼肉屋を見つけたから今度行こう！」

「めっちゃくちゃおいしいモツ鍋屋を教えてもらったから行こう！」

先輩に誘われた店は行く前からワクワクしてしまい、実際に食べてさらに感動するのです。

人は、「おいしい」という魔法の言葉といっしょに出されたものは、おいしく感じます。

販売も同じです。売れる販売員は常に自分の実感と共に、お客様に魔法の言葉をかけているのです。

「お客様に似合う商品があるんですよ」、「とても人気がある、かわいい商品があります」と、商品をお見せする前に魔法をかけるのです。

自分の感想を先に述べると、相手に思いが伝わりやすくなります。そして、相手も同じ感想を持ってくれる確率が高まります。

日本人は総じて、相手の意見を聞いてから、自分の意見を述べる人が多いですね。しかし、**自分の意見を先に述べたほうが、相手に共感してもらえる可能性が高い**のです。

自分の思いをいかにして伝えるか。それが伝わったお客様がお買い上げいただけるのです。

だからこそ、まず、あなたの魔法の言葉で、あなたの思いを伝えていきましょう。

販売員の役目は、商品のよさを自分の言葉で伝えて、お客様に共感してもらうことなのですから。

顧客は「家族」の一員

1章で、私が前職で出会った1億円売る販売員Yさんの販売はほとんどが雑談である、と書きました。

そのYさんの雑談ですが、そこにはYさんらしい顧客づくりの極意がありました。

ある日のこと、Yさんが若い女性のお客様に電話で展示会のお誘い電話をしていました。

「そう、九州へ出張に行くの？　この前から休みもあまり取ってないでしょう？　仕事もいいけど、体を大切にしなきゃダメよ」

まるで、遠く離れた娘の健康を気遣う母親のような口調です。もちろんこのお客様はYさんととても仲のよい顧客です。

Yさんは、私にこんな話をしてくれました。

「深い顧客というのは、家族なのよ。『家族のような人』になることが、最も大切なことなの。例えば私が、若いお嬢さんに販売や接客する時は、必ず『母親のような人』と思われるように接しているの。年上のお客様には『妹のような人』、年下のお客様には『お姉さんのような人』って具合にね。こういう接し方ができる販売員になりなさい」


なるほど、思い出してみれば、当時の私もよく買っていただけたる顧客や、店に来ていただける顧客から、たいていこういってもらっていました。

「柴田さんって、本当に息子みたいな感じよね」と。

人は、安心できる人間関係ができると心を開きます。それが「家族のような人」なのです。よくよく考えれば、SHIBUYA109のカリスマ販売員も、お客様にとっては「お姉さんのような人」なのでしょう。


お客様と販売員という狭い枠の中で売ろうとするから、その関係でしか互いの信頼が築けない人が多いのです。**お客様と販売員の枠を超えて、家族という枠組みで考えて接してみま**

「○○（家族）のような人」

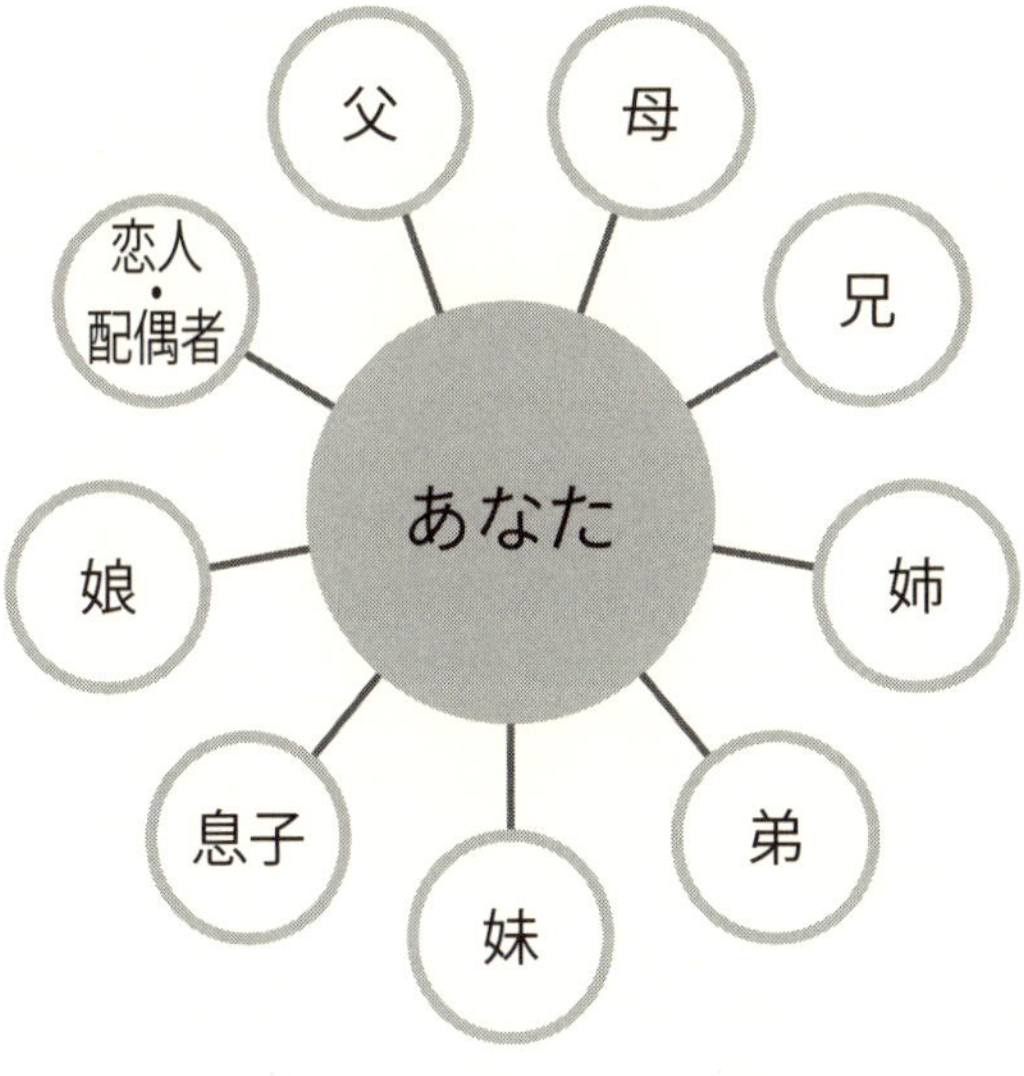

お客様から見てあなたはどの役になりますか？

しょう。

「家族」とは、最も親しく、最も安心できる間柄です。年代や性別が違う間柄だからこそ、「家族」というキーワードが活きていきます。

つながりの深い顧客づくりの極意は、「家族」です。

姉、兄、妹、弟、娘、息子、母親、父親……さて、あなたはどの間柄を築きますか？

目線は話術よりもモノをいう

「目は口ほどにモノをいう」。よくいわれる表現ですが、これは販売員も同じです。「販売員に最も大切なのは、話術よりも目線です」と語るのは、我が社の人気スタッフ、人見さんです。

人見さんが最も得意とする販売は、友達同士や家族で来店する複数客への販売です。複数客を接客する際に、人見さんが一番気を遣っているのが「目線」です。

特に女性同士の複数客だと、リーダータイプ、目立ちたいタイプ、もしくは自己主張の強いタイプが必ずいるもの。みなさんも考えてみてください。友達同士で2人以上集まれば、引っ張る人、引っ張られる人の強弱関係が多少は出てきませんか？

その相関関係をいち早くつかみ、販売をすすめるのが、複数客販売に強い人見さんの接客です。

人見さんが重視するお客様は、話しやすいお客様よりも話しにくいお客様、引っ張るタイプのお客様よりも引っ張られるタイプのお客様、よくしゃべるお客様よりも静かなお客様です。

いわゆる、目立たないほうの方です。

普通はどうしても、話しやすいほうや、よくしゃべるほう、目立つほうを中心に会話は進み、視線もその方に固定され、もう一方のお客様は、ほったらかしになりがちなもの。目立つ方を味方にしたほうが販売はうまくいくと思いがちなのです。

しかし実は、目立たないほうの方を大切にしたほうがよいのです。

目立つお客様を中心に会話を回して、自尊心を立てながらも、一方のお客様をしっかりと飽きさせずに接客を進めることが必要なのです。

人見さんがここで大切にしているのが、**平等な目線配り**です。目線をしっかりと平等に配分しているかを大切にしています。

それができていれば、複数客の接客はスムーズに運ぶと人見さんはいいます。

そして、人見さんはこう続けます。

「目線が落ち着かない販売員、目線がよくお客様から外れて周りを気にする販売員ではだめなのです。目線は会話よりも大切なコミュニケーションです。**会話は平等にするのは難しいけれど、目線は平等が可能**なのですよ」

2人以上を相手に同時に会話する場合の〝ほったらかし〟は、会話をしないことではなく、目線が一方の人に固定されることです。

2人以上のお客様の場合、目線の配分を平等にすることが大切です。それにより、2人とも会話の中に入っている意識を持ち、疎外感を与えることがなくなります。

真っ白な状態に「売れるイメージ」を描こう

みなさんは、ゴルフをしたことがありますか。私は年に数回程度するのですが、「ゴルフと販売は似ている」といつも思います。

ゴルフは遠くへ飛ばそう、飛ばそうと思えば思うほど、力が入ってしまい、ボールが曲がって、遠くどころか、林の中に消えていきます。

販売は売ろう、売ろうと思えば思うほど、力が入ってしまい、お客様が販売員の売る気を察し、売れるどころか、離れていってしまいます。

ゴルフは、一度崩れ始めると、手がつけられないほど何ホールも続けてスコアが崩れていきます。

販売も、一度ふられると、どんどんいつもの笑顔がなくなっていきます。

「売れる販売員に必要なモノ、それは**『売れるイメージ』が頭にあること**です。メンタルコントロールが販売員には必要です」

我が社の女性マネージャー岩本さんはこういいます。

そこで、マネージャーである彼女の朝礼、1日の始まりは売れるイメージの注入を行なっています。

元気な挨拶の後、「直近の成功発表をお願いします！」と岩本さんがいいます。

するとスタッフはメモを取り出して、自分の成功した販売の発表を始めます。

「はい。では私が、昨日の成功発表をさせていただきます！　昨日は、ちょうどトルソーの着せ替えをしていた時に、着せていたワンピースを見ていた親子客がいらっしゃいました。そこで、『きれいな色のワンピースですよね。ちょうど入荷したばかりなので陳列したんですよ』とお声かけしました。そうすると……」と、成功体験が続きます。

発表の最後は、買っていただいた成功のポイントを押さえて締めくくります。

その後、岩本さんは「では続いて、本日の成功イメージをお願いします！」と続けます。するとう引き続きスタッフは、メモをめくって発表します。

「それでは、私の本日の成功イメージを発表いたします。本日のイメージとして、まず、目的買いではないお客様に、私の大好きなこのジャケットをおすすめしたいと思います。そのお客様のイメージは、フラリと立ち寄られる20代前半の女性です。おすすめトークイメージは、『私の大好きなこのジャケットはいかがですか？　このジャケットのいい点は何といっても〜〜なところです』と説明します。コーディネートイメージは、このジャケットに、あのインナーを持ってきて、このボトムを合わせます」

このように自分が売り込むターゲット層、トーク、コーディネートを細かくイメージングしていくのです。

最後に、その成功イメージの具体的なロールプレイングをします。

成功イメージにこだわる岩本さんらしく、しつこく確認していきます。岩本さんの成果は、初年度売上5000万円の店を、たったの1年で1億円という2倍の売上を上げたことに表れました。

最後に岩本さんはこういいます。

「出勤すぐのイメージ朝礼にこだわるのは、**イメージが白紙のうちによいイメージを描かせたい**からです。販売は販売員が具体的にイメージを描くほど、描いた通りになる確率が高いからです」

笑顔も元気も、すべて頭の中のイメージから出てくるのです。自分は元気だと思えば、実際に元気に過ごせるのです。

もちろん成功イメージも同じです。朝起きた時、会社に出勤した時、午後の仕事が始まる時、夕方の休憩後、成功のイメージを頭に描いて仕事に臨みましょう。

購入目的のあるお客様を見極める

私は土日に必ず我が社のメンズショップの店頭に4時間だけ販売員として立ちます。その後は他店の視察に行きます。

その日、その店の個人売上ランキングは、4時間しか店頭に出ていない私がトップの売上になります。

そうすると、店長や副店長が、「どうしても社長に負けてしまいます。社長は4時間、我われは8時間も立っているのに、売上で追いつけません。足りないものを教えていただけませんか」と聞いてきます。

私は販売で、「買っていただけそうなお客様」＝「目的があって来店され、販売員を必要としているお客様」を察知して、その方を優先して販売しているだけなのです。

店にはたくさんのお客様が入店されます。では、販売員を必要としている、目的のあるお客様とはどんなタイプの方なのでしょうか。どんなお客様にお声かけしたら、買っていただける確率が高いのでしょうか？

その順番は、１人のお客様→友達同士のお客様→親子のお客様→家族連れのお客様、この順に高くなるのです。

１人のお客様はフラリと寄った方や目的があっても下見の方が多いです。やはり、目的商品を決める時は、友達のアドバイスを必要とする方が多く、友達同士のお客様のほうが確率が高くなります。

販売員としては、１人のお客様のほうが話しかけやすいので、優先しがちですが、２人連れと１人のお客様がいらっしゃれば、まず、２人連れのお客様にアプローチしてみてください。

そして、親子客や家族客は、自分の買い物でも家族の買い物でも、複数の人数でわざわざ入店してもらえるのですから、目的ありきの来店の可能性は極めて高いといえます。

また、入店してゆっくりと歩くお客様よりも、早く歩くお客様のほうが、目的商品を探している可能性は高いといえます。

他店のショッピングバッグを持ったお客様にはあまりお声かけをしない販売スタッフも多いようですが、私は、手ぶらのお客様よりもお声かけします。なぜなら、一度財布の紐をゆるめたお客様がさらに買う可能性は、一度も買っていない方よりも高いからです。

また、おしゃれ着の方よりも、普段着の方のほうが買われる率が高いのです。おしゃれ着の方は、無目的なフラリ客の方が多いのですが、普段着の方は下見もしくは目的がある可能性は高いです。同じく、足元が普段履きのスニーカーの方は下見や目的がある方が多いです。

経験上、最初からよくしゃべるお客様よりも、最初のお声かけ時に無愛想で無口な方のほうが、何かお探しものがある、目的ありきのお客様であることが多いです。

あくまで私の経験をまとめた、目的あるお客様の見分け方ですが、私達はより販売員を必要としてくださっているお客様を見抜き、親切にお声かけをすることが大切です。

笑顔なしで売れる人、笑顔があるけど売れない人

私が前職の呉服販売の新入社員だった頃、本当に売れなくて悩んでいました。笑顔や話し言葉には、かなり自信があるのに売れないのです。

同じ店に、I君という私と同期の社員がいました。笑顔がほとんどないけれど、私よりも売れているのです。私のほうが、笑顔やさわやかさ、話術ではI君に勝っているつもりだったので、なぜI君のほうが売れるのか、その理由がわかりませんでした。

そんな時、先輩からこんなアドバイスを受けました。

「柴田は、笑顔と感じがいいところはすごくいいんだけどな。だけど、それだけだから、売れないんだよ」と。

「えっ！　一番大切なのは、笑顔とか感じのよさとかではないのですか？」と、私は聞き返しました。すると先輩は、

「柴田の同期のIをよーく見てみろ。違いがわかるか？　Iは笑顔なんてほとんどない。だけど、真剣なまなざしや、真剣な語り口がある。柴田は常に笑顔でノリよく、楽しく売ろう

としている。お客様からしてみたら、笑顔は確かに必要だ。だが、ずっと笑ってすすめられるより、真剣な表情で熱くすすめられたほうが心が動くんだよ」

そして、先輩はこう続けました。

「笑顔も適材適所。笑顔だけでは売れない。コミュニケーションや警戒心を取り除くのに笑顔は大切だが、おすすめする時には、真剣なまなざしと表情が必要だ。その使い分けが必要なんだよ」

最近、その意味がよくわかる出来事がありました。

とあるハンバーガーチェーンのドライブスルーでの出来事です。

私が「フィレオフィッシュ」を買って車内で開けてみると、中にあったのは「てりやきバーガー」。

走って30秒くらいだったので、店に戻り、アルバイトの女性に、「すいません、今買ったばかりなんですが、注文したのは『フィレオフィッシュ』なのに、入っていたのは『てりやきバーガー』なんです」と、レシートと袋を渡しました。

すると、女性のアルバイトが、あの練習された満面のスマイルで「すいません！」と対応したのです。

とても不快に感じたのと同時に、あきれかえりました。苦情応対までも、あのスマイルなのですから。

苦情の応対には、真剣な表情と対応が必要なのです。

笑顔も使い方を間違えれば苦情になります。

いつでもどんな時でも笑顔だと、真剣さが伝わりません。

だから、**笑顔の練習だけでなく真剣な表情も練習しましょう。**笑顔と真剣な表情とのメリハリができてこそ、より笑顔が活きるのです。

体験談が最強トーク

私は東京で、さまざまなアパレルショップに視察に入ってみます。

最近は、販売教育をされていないからなのか、「プロだなぁ」と思うトークをする販売員がいなくてがっかりします。

ゆっくりと店内を歩いているだけで、近寄ってきていきなり「何かお探しですか?」と、まったく相手の空気おかまいなしに尋ねてきたり。

ストライプのシャツを見ていると、「そちら、ストライプのシャツなんですが……」と、見たままのことをいってきたり。

その後の販売トークを聞いていても、相手のニーズ関係なしで、売りたいだけのトークばかり……悲しくなってきます。

お客様が知りたい情報を提供するのが販売であり、プロというものです。

では、お客様が聞きたい情報とは何でしょうか？

我が社で最強の接客を誇る小原さん。その小原さんの販売トークの内容のほとんどは「体験談」です。

お客様がパンツを見てらっしゃると、「そのパンツ、見た目は細身ですが、履いてみると意外と伸びて履き心地はとても楽でしたよ」。

ジャケットを手にしていると、「見た目よりも肩周りがゆったりしていて着やすいですよ」と、洋服の見た目の説明のみならず、お客様に着心地など、自分の体験を通した言葉で着心地を語ります。他にも、買い逃しの失敗談や買った成功談、着回しの体験談などを伝えます。

すると、お客様はじっとその体験談トークに耳を傾けます。そして、「着てみてもいいですか」と試着されるのです。

私はスタッフに、時間がある時はどんどん店の商品を着てみるようにすすめています。なぜなら、その商品を着るということは、その商品の最強の販売トークを手に入れるということだからです。

商品一つひとつにその商品にしかない販売トークがあります。食べ物ならば食感と味。洋服ならば着心地や触り心地など。

見ているだけではわからない味を教えてもらうと、食べたくなる。

見ているだけではわからない着心地を教えてもらうと、着てみたくなる。

そんな、お客様が知りたいことを、感じて、覚えて、伝えましょう！　それが、最強の販売トークなのです。

すべての商品をすすめない

私の前職の呉服店「やまと」に、大澤さんという大変お世話になった男性の先輩がいらっしゃいます。当時、社内では、「販売の天才」といわれ、とにかく顧客をたくさん持つ、私にとっては雲の上の存在のような大先輩でした。

その大澤さんと2年間同じ店舗で働き、たくさんのことを学ばせてもらいました。私がまだ26歳の時です。

当時、大澤さんは社内で「仕事はできるが、大学時代にボクシング部で活躍した豪腕《ごうわん》で、怒るととっても恐い人」と噂され、恐れられていました。

私も初めて会った時は、確かにちょっと恐いオーラを感じましたが、少し時間が経つと噂とはまるっきり違い、とても気さくで親身になって私に販売のことを教えてくれました。

私の販売を初めて見た大澤さんから呼び出され、教わったことを今でも覚えています。

「柴田！　すべての商品をいいというんじゃない」

まだまだ未熟だった私は売りたいがため、すべての商品を「いいですよねー」と、お客様がどの商品を気に入っても対応できるように、持ち上げていたのです。

また、お客様が気に入ったものすべてを、「もちろん、お似合いになると思います」と、すすめていたのです。

そこを大澤さんから指摘されたのです。

「確かにすべての商品のよさをお伝えするのも販売員の仕事だが、お客様から見れば、単なる調子のいい販売員、もしくはどれでもいいから売ろうとする販売員にしか見えないんだよ」

と、かなり痛いところを指摘されてしまいました。

お客様の心理からいえば、いいものと悪いもの、似合うものと似合わないもの、その区別を販売員から教えてもらいたいのです。

そして、大澤さんは続けてこう教えてくれました。

「似合うものをアドバイスするってことは、似合わないものもアドバイスすることと同じことなんだぞ」

すべての商品が、お客様に似合う商品なんてことは絶対にありえない。

すべての商品が、お客様に必要な商品なんてことは絶対にありえない。

すべての商品が、お客様におすすめの商品なんてことは絶対にありえない。

どの商品がお客様にとって、似合うか、必要か、おすすめかをアドバイスするということは、裏を返せば、どれがお客様にとって、似合っていなくて、必要なくて、おすすめではない商品なのかを明確にすることと同じなのです。

大澤さんから学んだお客様と販売員の信頼関係とは、お客様に似合わないものを伝えられるだけの信頼関係をつくることだったのです。

高額品をお客様が買わない本当の理由

今から3年前、あるファッションビルにレディス服の店舗をオープンさせました。その店は同フロアで一番価格帯の高いショップでした。

初年度の売上は予想を大きく下回る3500万円。誰もが、「値段が高いから売れないのだ」といいました。

店長会の終了後、そのショップの店長が「何で売れないのでしょうか」と聞いてきたので、私は「店長はなぜだと思う？」と質問を返しました。

すると、答えはみんなと同じ。

「やはり、値段が高いからだと思います」

次に私はこう聞きました。

「じゃあ、店長は安ければ売る自信があるの？」

店長は黙ってしまいました。

「お客様は、値段が高いから買わないのではないんだよ。適正な値段じゃないと思っているから買わないんだよ。お客様は高くても、安くても、買わない。適正価格じゃないと買わないんだよ。だから、うちの商品の値段が適正であることを教えてあげるのが、販売員の役目なんだよ」

「モンクレール」というダウンコートのメーカーがあります。1着15万円もするダウンコートが毎年、新商品の発売初日に完売をするそうです。普通に考えれば、15万円のコートは高いものです。しかし、買うお客様は高いとは思っていません。エベレスト登頂にも着用された、お墨つきのプレミアムダウンだからです。

買うほうは、15万円は適正価格だと思うから買っているのです。**大切なのは、金額の高い、安いでなく、商品の価値と金額が適正かどうかなのです。**

例えば、あるアパレルショップに何も知らないお客様がフラッと入店され、ニットに3万円の値札がついていたら、正直高いと思うでしょう。

そこに販売員が来て、

「そのニット、ちょっと高いと思われたかもしれませんが、手触りがすごく柔らかいですよ。実は希少なカシミヤのニットなんです。原産国は……」

こう説明したならば、お客様は「へぇ、希少なカシミヤね。それじゃこれくらいの値段はするわよね」といって納得してくれると思います。

接客によって「高い価格」が、「適正価格」に変わる瞬間です。

「高い」と思うお客様が「適正」と思うために、その感覚を埋めるのが販売員の役目です。

この話をした後、前述の店舗では、店長を中心に商品価値と適正価格であることを伝えることが大切であると、意識改革が始まりました。

それから、2年後、3500万円だった年度の売上は、なんと2倍以上に伸びたのです。

お客様は買い物に慎重です。常に適正な価格の商品（または得する商品）を買いたいからです。

ユニクロが売上を伸ばしたのは、それまでは安いだけの商品だと思っていたのが、適正価格以上の価値があるお買い得商品だと消費者が認知したからなのです。

お客様が高いと思ってらっしゃるならば、高いだけの理由（本当は高くない理由）を説明しましょう。適正な安心価格であること。これが、お客様がモノを購入する条件なのです。

最後に。もちろん販売員自身が自分の店の商品が高いと思ってるようでは、適正価格であることをお客様に伝えることはできません。

「買わなくていいですよ！」といい切る売上ナンバーワン販売員

「買わなくていいので、どうぞ見ていってください！」

私が初めて出店したレディスのアパレルショップ。私とパートさん2名で年間売上9000万円を叩き出していた時の私の決まり文句です。

このセリフ、前述した呉服「やまと」時代の大先輩「販売の天才」大澤さん、1億円売るYさん、そして、1億円売る私の母親が使う共通の販売文句でもあります。

「買わなくてもいいので」というセリフ、普通だったら、なかなかお客様にはいえない言葉ですよね。

最後におすすめできなくなるかもと思ったり、ひょっとしたらお客様から「あなた、買わなくてもいいといったわよね」と、指摘されるかもしれないと思ったり……やはり、いいにくいセリフです。

しかし、お客様にとって一番のサービスは商品を見ていただくことで、我われの売りたいという気持ちが邪魔して、お客様がそのサービスを受けられないのが一番失礼なのではないでしょうか。

実際、「買わなくてもいいですから、まず、試着してみてください」といっている販売員が、一番試着してもらう確率が高く、必然的に売上も上がるのです。

ナンバーワン販売員は知っています。お客様は試着をしているうちに、商品がほしくなっていくことを。


特に女性はモノを買う時、見ているだけじゃほしくなりません。

指輪は、指にはめているうちにほしくなる。

ネックレスは、首につけているうちにほしくなる。

洋服はもちろん、鏡の前で試着しているうちにほしくなってくるのです。


そして、売れる販売員達は、お客様へのおすすめする理由を探し出す天才です。試着してもらってから、おすすめする理由を探し出しているのです。


売る気が見えて、試着さえもしてもらえない販売員よりも、売る気をなくし、試着の回数が多い販売員の方が売れていくのは当然です。

それは、試着こそが最も大切なお客様サービスであることを心得ているのです。

試着室に入っていただくことで、私達販売員の仕事のほとんどが終了しているともいえるのです。

買うか、買わないかはお客様が決めることで、私達が決めることではありません。

販売員にできる最大限の仕事は、商品を実際に体験してもらい、そのよさを説明させてもらうことまでなのです。

図々しくなった瞬間に売れるようになる

お客様に丁寧すぎるスタッフよりも、ちょっと図々しいくらいのスタッフのほうが売上を上げてしまうことがよくあります（もちろん、失礼のない図々しさです）。

私の身近な事例を紹介したいと思います。

私の妻は広島県生まれで、父親は外交官をしており、高校生の時に東京に一家で引越し、公務員宿舎で育った、かなり堅い家庭の子供でした。

それゆえ、私が結婚を申し込みに行った時、妻の両親は私の実家が商売をしていることを知り、かなり心配しました。娘が見知らぬ土地で商売ができるか不安だったのです。

その後、妻は商売をする覚悟で、私の実家の店がある富山へ嫁いできたのですが、やはり最初のうちはなかなか売れませんでした。

いつもお客様にふられてばかり……。ところが、ある時期から突然のように売れるようになったのです。そのキーワードが「図々しさ」です。

図々しさとは、例えば、

「似合うと思います」と少々自信なさげにいっていた販売員が、「絶対、似合いますよ！」といい切れるようになること。

「いいと思います」と押しが弱かった販売員が、「絶対、おすすめです」と自信を持っていい切れるようになること。

「どっちがいいと思います？」と聞かれて、「いっそのこと、2つとも買われてみますか」と、笑って冗談をいえるようになったりすること。

これまで、お客様の顔色ばかり見てしゃべっていた妻が笑いながら、図々しくいい切るようになったのです。

お客様は気に入った商品を「絶対にいいですよ！」と、いい切ってくれたほうが安心し、決断しやすくなるのです。

そういえば、結婚当初はおしとやかだった妻も仕事と育児でだんだんと図々しくなり、頼りがいが出てきました。


少し図々しさが出てきたら、販売員として伸びてきた証拠です。

新人で感じのいいだけの販売員がなかなか売れないのは、「丁寧さ」だけだからです。お客様は、丁寧なだけの販売員はあまり好きではありません。

それは、本音が見えないから。お客様は、心のどこかで「あなたがおすすめしてくれたから買ったのよ」という購入の大義名分がほしいものだからです。

そういう意味で、お客様の記憶に残る販売員とは、**「丁寧さ＋ちょっとの図々しさ」**なのです。

発想を転換してお客様に安心してもらう

私の見てきた一流販売員達は、必ずお客様に「あなた、うまいこというわねぇ」と笑っていわれます。売れる販売員の秘密はお客様のこの言葉にあります。

では、「うまいこと」とはどういうことでしょうか？　ここで説明したいと思います。

ひとつの物事には、必ず裏と表のように二面性があります。人間の性格だって、長所をいい換えれば短所になります。

例えば、「優しさ」は、「優しくて癒される人」というと長所ですが、「優しくて物足りない人」というと短所となりますよね。

また、「台風の日にディズニーランドなんて行きたくない」と思うのが普通かもしれませんが、逆に考えれば、「台風の日こそ空いていて並ばなくていいから、ディズニーランドに行きたい」という考えもできます。

物事はよい風にも、悪い風にも、どちらの側面からも表現できるのです。

これが、一流販売員が使う「よい側面を理解していただく努力」なのです。

その会話の中のキーワードが「だからこそ」という言葉です。

例えば、「このコート、気に入ったけれど、まだ寒くないから買うには早いわよねぇ」というお客様には、

「確かに、まだ寒くないですけども、だからこそ種類と商品量は今が一番ありますよ」

と提案できます。

また、「気に入っているんですけど、このリボンがこの位置にあるのがどうも気になるんですよね」といったお客様には、

「気になるかもしれませんが、ここについているからこそ、目を引いて素敵だと思いますよ。もし、ここについてなかったとしたら、すっきりしすぎると思うんですよ」

といった具合。

「だからこそ」「それだから」といった言葉を使って、お客様の不安を肯定してあげてこそ、お客様は安心して買い物ができるのです。

一流販売員たちは、お客様に安心して買い物をしてもらうための「ものはいいよう」をわかっています。このコツがわかると、お客様の信頼を得られます。

お客様は、頭によぎった不安をかき消してほしいのです。なぜなら、その商品を気に入っていなければ、不安も出てこないからです。

売れる店は必ず持っている「自分の店の得意なもの」

高級ブランドのエルメスといえば、時計や洋服、スカーフもありますが、なんといっても、バーキンに代表される革製品が有名です。

カルティエといえば、革製品もありますが、なんといっても、宝石や指輪といった宝飾品が有名です。

ルイ・ヴィトンといえば、時計やアクセサリーもありますが、やはり、街を歩けば10人に1人は持っている、モノグラム柄のバッグですよね。

ブランドビジネスで最も大切なことは、得意商品、独自の商品があることであり、その商品を核として、お客様をひきつけていることです。

特徴のないブランドは、ブランドとして成立しないのです。

同じように、何でもおすすめする店は、何でもいいと思っているこだわりのないお客様しか買いに来ません。そのようなお客様は顧客にはなりにくいものです。

あなたの店はいかがですか？

我が社では、30以上あるショップの店長たちに、自店の強み商品を会議に持ち寄ってプレゼンしてもらっています。このプレゼン会議を始めてから、既存店の売上は強み商品を軸として10％伸びました。

栃木県は、いくつもの大手家電量販店の発祥地だということを知っていますか。その業界の激戦地で、12年連続でカメラ販売シェアNO・1を誇る「サトーカメラ」（http://www.satocame.com）という企業があります。

そのサトーカメラの専務で、日本全国を経営指導の講演と指導で駆けまわる経営コンサルタントの佐藤勝人氏。私がとても尊敬する方です。

その佐藤氏の理論が、

「一点に集中して強みを持つ。すると、すべてのレベルが上がっていく」

というものでした。これはすべてのことに通じるから目からうろこの理論です。

これを「販売」に当てはめると、

強み商品の決定→強み商品のトークの徹底練習→強み商品の提案方法の拡大→強み商品の仕入れ計画と売上計画の立案→強み商品の店頭展開

となり、すべての段階でレベルが上がるのです。

このサイクルで、お客様に徹底的に強みの得意商品を語っていきましょう。

3章

コミュニケーションを磨く販売員の成功例

自分を売り込むコミュニケーション能力

私はこれまで多くの販売員の方々を見てきました。その中には、商品知識をたくさん持っていて、商品説明もうまいのに、でも売れない販売員がいます。

その販売員は、話をするのが好きでこの仕事を選び、自信もあるのですが、なぜか接客してもお客様は買われないのです。

また、初めて来店されるお客様に売るのはすごくうまいのに、同じお客様がもう一度来店されることがないパターンも多く見てきました。いわゆる、顧客ができない販売員です。

どちらかというと、話し上手な販売員なのですが、売れなかったり、顧客ができなかったりするのです。

なぜでしょうか？

販売とは、大きくわけて、**2つのことを同時に進行させていく作業**です。

ひとつは、**商品の説明や商品の価値を高めて、商品を売り込んでいくこと。**

もうひとつは、**お客様との心の距離を縮めていき、信頼していただくこと**です。

商品を売り込むことを、**プレゼンテーション能力**といいます。これは、商品提案する力です。

そして、信頼していただくことを、**コミュニケーション能力**といいます。人間関係の距離を縮めることです。

もう少しわかりやすくいえば、

前者は、商品を買ってもらう（売り込む）行為、

後者は、自分自身（あなた）を買ってもらう（売り込む）行為

なのです。

前述の、商品知識があって話がうまいけれど売れない販売員も、顧客ができない販売員も、

プレゼンテーションはうまいのですが、コミュニケーションができていないのかもしれません。

私達は、販売マシーンではありません。

商品の売り込みがいかにうまくても、お客様の信頼を得てもう一度会いたいと思わせる、記憶に残る販売員にならなければ、単なる販売マシーンになってしまいます。

そこに販売という仕事のやりがいはありますか？　この仕事の満足感はありますか？

販売の仕事は、一度だけ買ってもらうためにやる仕事ではありません。何度も買っていただけるように努力する仕事なのです。

そこで、コミュニケーション能力を磨くことがとても重要になってきます。

お客様が何度も会いに来てくれる、そんな販売員を目指しましょう。

この章では、コミュニケーションのヒントになる事例を紹介していきます。

名前を連呼すれば距離が近づく

我が社のメンズショップにいる若い男性スタッフの話です。

先日、隣の地区のメンズショップへの転勤が決まり、旧店舗の最終出勤日のことでした。

彼は、お客様からたくさんの花束と贈呈品をいただいていました。彼の門出をたくさんの顧客の方が祝ってくださったのです。

そう、彼は店一番の顧客数を持つ人気スタッフだったのです。

あるお客様は、彼の接客を受けたいがために、他のスタッフがいても彼が前のお客様の接客が終わるのを待っていました。また、別のお客様は「この間来た時、お店にいなかったので、帰っちゃいました」といいます。

なぜ、そんなに彼は人気があるのでしょうか？

確かにさわやかな青年ですが、とりわけて美男子というわけではなく、特別な話術の才能があるわけでもないのですが……。

もちろん、いろいろな理由があると思います。その中でも、彼は人の名前を覚える天才だからだと思います。そして、その名前を連呼するのです。

例えば、私に話しかける時は必ず、

「柴田社長、お久しぶりです！」、「柴田社長、休憩に行ってまいります！」、「柴田社長、これであがらせてもらいます！」

このように、彼は**会話の前に必ず、相手の名前をつける**のです。これは必ずです。

そして、呼ばれているほうは、彼を思い出す時に必ず彼が名前を呼ぶ声と笑顔が同時に浮かぶのです。

以前、仕事で知り合った離婚カウンセラーの方からこんな話を聞いたことがあります。

「離婚する夫婦はお互いを名前で呼び合いません。熟年離婚を奥様から叩きつけられる旦那様の大半は、奥様のことを長年『おい！』と呼んでいます。

私達が離婚の危機にあるご夫婦を円満に戻すために、まず最初にすることは、お互いの名前で呼び合ってもらうことです。

名前を呼び合うことにより、親密感が自然と芽生えてくるのです」

前述のスタッフは必ず会話の前に枕詞としてお客様の名前をお呼びします。**名前を連呼し、親近感をつくる。**顧客をつくるということは、どれだけ親近感あるお客様をつくるかということに大きく関わります。

また、相手に自分を覚えてもらう一番簡単な方法は、相手の名前を連呼することです。なぜなら、相手にとって一番心地よく、一番心に届く言葉は自分の名前だからです。誰もが自分の名前に愛着を持っています。そして、その名前を呼んでくれる人を距離の近い人間に感じるのです。

常にお客様の名前を呼ぶくせをつけてみてください。きっとお客様のハートをつかむことができるでしょう。そして、あなたの好感度は上がっていくでしょう。

呼び方で決まる人間の距離感。なぜ「お客様」ではダメなのか？

さて、前項と同じく名前の「呼び方」の話です。

私は、我が社の100名を越えるスタッフ全員を「呼び捨て」で呼びます。笑顔で明るく、親しみを込めて呼び捨てにしております（感じ悪く呼び捨てしたら逆効果ですから）。

スタッフは、社長から呼ばれる最初の呼び名は「○○君」とか「○○さん」だと思っているから、最初はギクッと驚く人もいるはずです。

しかし、2回目に会った時、彼女、彼らは、私が呼び捨てにする時と同じように、親しげに「社長ー！」と接してきてくれるのです。

そして、私は笑顔で明るく「オーッ、○○！　元気に頑張っているか？」と応え、会話が続いていくのです。

もちろん、「○○君」や「○○さん」と敬称をつけるのが、礼儀であることは十分にわかっています。あえて、感じよく呼び捨てにさせてもらっているのです。

君《きみ》↓田中君《くん》↓田中（姓の呼び捨て）↓まこと（名前の呼び捨て）

この順番のように、名前の呼び捨てになるほど、親しい人しか呼ばせない（呼べない）呼び方です。

つまり、呼び方は「人と人の心の距離感」を表しています。

あだ名やニックネームというのは、仲のいい友達しか呼ばない典型的なネーミングです。例えば、新しくできた友達と仲よくなりたいなら、いち早くニックネームで呼ぶことから始めればいいのです。すると、いつの間にか心の距離は縮まっていることでしょう。

私の名前は「まさたか」ですが、「まさたか」と呼ぶのは、両親と兄弟と親友だけです。一番距離の近い人しか呼びません（妻は「パパ」と呼びますが）。

もう一度いいます。**呼び名は、相手との心の距離感を最もダイレクトに表す**ものです。だからこそ、親しい呼び名をあえて呼ぶことにより、距離を近くすることができるのです。

私は、相手に思いっきりの敬意と親しくなりたい気持ちを込めて、呼び捨てにしております。

これを販売に置き換えてみましょう。

いつまでも「お客様」としか呼ばない販売員には顧客ができにくいのです。「お客様」としか呼ばないから、いつまで経っても「お客様」という関係の距離以上に近づかないのです。

お客様を名前で呼ぶ人、つまり、距離の近い呼び方をする人は、たまにしか会わなくても、親近感を持っていてもらえるのです。

心の距離を縮め、顧客をつくるためにまずしないといけないことは、お客様を「○○様」と名前で呼ぶことなのです。

売れる販売員は、お客様の不安を笑い飛ばす

「この商品、ちょっと私には若すぎると思いませんか」

「私には、ちょっとかわいすぎるかなぁ」

試着室前で、お客様が販売員にこう尋ねている光景は日常茶飯事でしょう。

みなさんは、お客様にどう答えていますか？

本書ですでに登場している我が社の一流販売員の人見さんはこう答えています。お客様のちょっとした心配なら笑い飛ばすのです。

「若すぎるなんて、全然そんなことありませんって！」

「かわいすぎることなんてありませんって！　これくらいは全然普通ですよー」

不思議なことに、彼女が笑い飛ばすと、お客様は安堵の表情を浮かべ、納得するのです。

その極意について聞いた時、彼女はこういいました。

「まずお客様は、気に入っていない商品だったら、試着室から着て出てこられません。着て出てこられたということは、商品は気に入っていただいているのです。

そこで、お客様にとって不安なのは似合っているかどうかなのです。つまり、安心したいのです。気に入っている商品が、自分に似合っていてほしいと思っているのです。

だから、私は、似合う着こなしをアドバイスして、心配は思いっきり笑い飛ばしてあげます」

ここで注意点があります。

お客様は、販売員の表情や言動から、本当に似合っているのか、それとも似合っていないけど売りたいために似合っているといっていないか、ということを判断しています。

私も多くの売れる販売員を見てきましたが、その販売員達は、やはり、試着室から出てきたお客様や、鏡の前で商品をあてているお客様への第一声に心がこもっているのです。

精一杯の感情を込めて、ほめたりアドバイスしたりするのです。

そうやってお客様の不安を取り除いてあげるのも販売員の仕事なのです。

コンビニのおばちゃんから学ぶレジ接客術

新規スタッフの面接で、「接客業をしたことがありますか」と聞くと、中には「あります。コンビニで1年間アルバイトをしていました」という方がいらっしゃいます。

その時、私は「コンビニは接客業ではないですよね」と答えていました。そうです。コンビニは接客業ではないと思っていたのです。しかし、とある人物に出会って考え方が変わりました。

先日、我が家の近所のコンビニにすごいおばちゃんアルバイトが出現したのです。レジを打ち、作業をしながらも、お客様に接客しているスーパーアルバイトなのです。

例えば、トラックの運転手が缶コーヒーを買っていけば、「運転に気をつけて、いってらっしゃい！」と声をかける。

毎日、仕事帰りに缶ビールを買っていくサラリーマンには、「今日は早いね！　あまり飲み過ぎないようにね！」と声をかける。

小さい子供には、「バイバイ！　またね！」と手をふって見送る。

時には、パンだけ買っていく若い男の子に、「ジュースとかの飲み物は（買わなくても）よかった？」と売り込みまでする姿を見たこともあります。

そして、私が勝手ながら分析したところ、1000円以上買ったお客様には必ず、「たくさん買ってくれて、ありがとうございます」と、「たくさん」という言葉を使っています。

おそらくコンビニのアルバイトに、店長もお客様もそこまでは求めてはいません。だからこそ、すごいのです。


場所は変わり、先日私は東京の某メンズショップでTシャツを買いました。レジを黙々と業務的にこなしていく若いショップ店員。言葉遣いだけは丁寧で、店先まで見送りに来てくれました。しかし、感動はないのです。心がこもってないと感じてしまったのです。


コンビニで接客をするおばちゃんアルバイト、アパレルショップで黙々と作業をこなす男性販売員。この2人を比べてみたときに思いました。接客業とは業種のことを指すのではなく、販売員のお客様への接し方を指すのだと。

コンビニのおばちゃんアルバイトには「人間力」を感じました。

挨拶はもちろんのこと、雑談あり、気遣いあり、時には励ましや、激励での見送りあり。とにかく、商品だけではない、人と人とのつながりを大事にしているように感じます。

商品を売り買いする以上のつながりを持つ人間関係。これが人間力のある接客術です。

心に残る店員とは、ちょっとした心遣いと、マニュアルにない自分の気持ちを相手に伝えることができる人ではないでしょうか。

あなたが売れないのは、お客様の話を聞きすぎるから

お客様のニーズに応えることと、お客様のいうことを聞きすぎることは違います。

販売の仕事が駆け出しの頃、お客様と一緒に迷ってしまったり、お客様の好きなものを聞きすぎたりと、お客様の迷いにふり回された挙句、結局お客様の信頼を得られなかった、ということがあります。

私が勤めていた呉服屋の1億円売るYさんから、最初に指導いただいたのが、「柴田さんが、今売れないのは、お客様の話を聞きすぎてばかりいるからよ」という言葉でした。

最初は、Yさんの言葉がちょっと冷たくも感じ、意味がよくわからなかったのですが、Y

さんの販売をよーく見ているとわかってきました。

Yさんの接客は、最初はお客様ペースで入るのですが、途中からYさんのペースに徐々に移っていき、最後はお客様がYさんの話に頷きながら、完全にYさんのペースで終わっています。もちろん、その後はレジに向かうのです。

Yさんの接客を見る限り、最初は誰よりもお客様の言葉を真剣に聞いています。そう、間違いなく、誰よりも真剣に耳を傾けています。

Yさんの接客は、まるでソムリエのようでした。ソムリエがお客様の味の好みや金額の目安を真剣に聞いた後、ワインセラーで選んできて、今度はソムリエが自分のペースでワイン選びの主導権を握って説明するかのようでした。

私は、お客様の好みやニーズを第一優先にしなくてはいけないと思っていましたが、お客様の意見に合わせることと、お客様のためになることは、同じではないということがわかりました。

そして、Yさんはこう続けました。

「私達は、お客様の好みを聞いて、お客様の好みのモノをつくってあげるオーダーメイドの仕事ではないの。お客様の好みを聞いて、私達の店の中にあるものの中から、お好みのタイプで、似合うものを探し、提案し、ご納得していただくのが仕事なのよ」

私達販売員の仕事は、お客様の好みにふり回されるのではなく、お客様の好みを知り、その好みに合い、お客様に似合う商品を提案してあげるのが仕事なのです。

お客様が本当に、いい買い物をしたなと感じるのは、販売員にニーズを話したうえで、より自分に合うものを提案された時です。

つまり、お客様のニーズ通りのものを探すよりも、プロとしてそのニーズをよりお客様のために進化させた提案をした時のほうがお客様は満足されるのです。

逆説的にいうと、店の中からお客様のイメージ通りのものを探すのは至難の業ですし、イメージに近いものほど、お客様にとっては「何か違う」と感じてしまうものなのです。

「ほめ上手」は接客の幅を広げる

お客様とのコミュニケーションがなかなかうまく取れなくて困っている方は、一度お客様の持ち物、服、センスなどをほめてみましょう。

ほめられてうれしくない人はいないのはもちろんのこと、他人のよい部分を探し出すくせは、販売のみならず人生においても大切です。

前職の呉服店で私が最初に配属された大阪なんばシティの店には、4つ年上の男性の先輩販売員、坂井さんがいました。

別名「ほめの坂井」と呼ばれるほど、とにかくお客様のよい部分を見つけて必ずほめるのです。

高価なブランドバッグをお持ちのお客様がいらっしゃれば、「素敵なバッグですね。それって○○○のブランドですよねぇ。お似合いですよ」。

かわいい子供連れの親子客がいらっしゃれば、「かわいいお嬢様ですね。おいくつですか？」という具合。

とにかく、ほめることに徹する「ほめの坂井」さんです。

ある日店に、髪はボサボサ、化粧もせず、ヨレヨレのブラウスに汚れたズボン姿、足元はビニールのサンダル履きで、手にはコンビニ袋を持ったなんともラフな格好のおばあちゃんが来店されました。

そこに接客するは、「ほめの坂井」。当時、私は新人ながらも、坂井さんの接客を見守りました。「ほめるところのなさそうな、あのおばあちゃんでもほめるのか？」とドキドキしながら観察していました。

坂井さんのほめ方のすごい点は、無理やり何でもかんでもほめまくるわけではなく、ほめるところを探し出して、ほめるに値する部分、つまり**相手も自慢に思っている部分をほめる、**という点です。

最初は手探りの接客をしていた坂井さんでしたが、やはりそのおばあちゃん、なかなかほめる場所が見当たらないらしい。

そんな時、おばあちゃんが笑ったのです。その瞬間、キラリと高価そうな金歯がキラリと見えたそうです。

すかさず、坂井さんは「いやぁ、お客様、高価な金歯をしてらっしゃいますね。すばらしい！」と、金歯をほめたのです。

後にも先にも、お客様の金歯をほめた販売員は、坂井さん以外、見たことも聞いたこともありません。

冗談のような本当の話です。

それをきっかけに、会話を広げていった坂井さん。坂井さんの「ほめ」にこだわるコミュニケーション力は今でも強く記憶に残っています。

コミュニケーション上手は、ほめ上手。人はほめてくれた相手に、照れくささを感じながらも好感を持つものなのです。

ほめる行為は、意識しないとできないものです。人はたいてい相手の欠点から見る習性があります。

販売の仕事は、相手に好印象を持ってもらうことが大切なこと。笑顔も、明るさも、お客様への好印象、好感度のツールといっても過言ではありません。

同じようにお客様に喜んでもらい、好印象を持ってもらうツールのひとつがほめることです。

お客様のよい点を見つけ、素直にほめることができる販売員になりましょう。

お客様をその気にさせる聴き方

うまい販売員の接客を見ていると、お客様がだんだん、のってきて、その気になってくる……という光景を見たことがありませんか？　では、お客様を「その気にさせる」とはどういうことでしょうか？

お客様をその気にさせるというと、「その気にさせる話術」とか「お客様をのせる話術」が必要だ、と思われるかもしれません。しかし、実際は違います。むしろ、その逆です。

お客様をその気にさせるのに必要なのは、**「その気にさせる聴き方」**にあったのです。

我が社で、年間売上5000万円だった店を、たった1年で2倍の1億円に伸ばしたマネージャーの岩本さんの接客を聞いていると、一番多く聞こえてくるのが、「そーですよねぇ。そーですよねぇ」と、お客様の話に応対する相づちの部分です。実に快活に返答しているのです。

また、前述した1億円売る私の母もまた、「ほんとぉ〜?」とか、「わかる、わかる」と、過剰なくらい、お客様の言葉への反応がうまいのです。しゃべる時よりも、呼応している声のほうが大きいのです。

そう、売れる販売員は、お客様がしゃべっている時の相づちがうまいのです。

お客様は自分自身がしゃべっている時に、販売員がどういう聴き方をしているかを見て、会話のリズムを測り、安心感を持ち、のってくるのです。

お客様をその気にさせる聴き方術、実はそんなに難しいことではありません。当たり前のことを当たり前にするだけなのです。

【お客様をその気にさせる聴き方】

✣目と目を合わせる
✣うなずいて聴く
✣「そうですよねぇ」等の声で、聴いていることを表現する
✣笑顔で聴く（もちろん、話の内容によっては真剣な表情で）
✣肯定的な反応で受け答えする

✣「聞く」でなく「聴く」を意識する

テレビのバラエティ番組などでは盛り上げ役のポジションの人たちがいます。大きなリアクションをしたり、場を盛り上げるためにわざと大きな声で反応する人たちです。

その人たちの存在は、番組収録の場だけでなく、テレビを見る視聴者の心を高揚させ、テンションを高めていきます。

人のテンションを高める作用とは、はっきりとした相づちだったり、大きなリアクションだったりするのです。

販売も同じです。**買い物が楽しくなるように、お客様の心を盛り上げる最高の販売は、聴き方にポイントがある**のです。

B級立地だから売れないのではない

大手アパレルメーカーの方々は特に、店舗立地にとにかくこだわります。立地がよければ売上が上がると思い込んでいるのです。

では立地がいいとはどういうことでしょうか？　それは百貨店やショッピングセンター内でも路面店でも、店の前の通行客が多い場所、一番お客様の視野に入る場所ということになるのでしょう。

では、お客様が買いたい店と、お客様が一番視野に入る店は同じなのでしょうか？

金沢駅前のファッションビル2階に我が社が運営するアパレルショップがあります。

このファッションビルは、アパレルショップが130店も揃う北陸では最大級のファッションビルです。

その2階のメイン通路の裏手、いわゆる死角通路に我が社のショップはあります。出店当初からB級立地と呼ばれた見通しの悪い場所です。

ファッションビルの開店初年度、やはりなかなか売れませんでした。多くの人が、「B級立地だから仕方ない……」という考えでした。

しかし翌年、またその翌年と、1・5倍ずつ売上を伸ばし続け、今年はビル全体の最優秀店舗賞を受賞するまでに成長しました。

そのショップの店長とスタッフは口を揃えてこういいます。

「確かに店の前の通行客数は館内の中でも少ないのですが、実は恥ずかしながらこの店がB級立地だとは思ったことがないのです」と。

どういうことでしょうか。続けてこういいます。

「いい立地のショップでも入りにくい店はあります。うちは通行客が少なくても入りやすい店づくりを工夫しています。お客様が『この店は居心地がいいね』といってくださるので、お客様が居心地よく、長く滞在できるよう店づくりをして、コミュニケーションをとっています。つまり、買いたい店づくりです。いい立地の店と、買いたい店は同じではありません」

その店のスタッフ全員がこう明るく話すのです。

B級立地がなぜ売れないのでしょうか？　それは、**その店のスタッフ自身がB級立地だと思っているから**にほかなりません。

エスカレーターすぐの一番目に入る店≠入りたい店≠居心地のいい店≠買いたい店

こうはなりません。これらの要素はすべてがイコールではないのです。

では、誰がB級立地と決めるのでしょう。

裏通りに売上の悪い店があったら、そこをB級立地と決めつけるでしょう。なぜなら、売れない理由をB級立地のせいにすると楽だからです。

では、裏通りにあっても、売上がよい店のことをB級立地の店という表現はしないのではないでしょうか？

実際には、B級立地は存在しません。

B級立地だから売れないということはありえないのです。売れないからB級立地といわれてしまうのです。

販売員がB級立地だと思った瞬間、その店はB級立地となってしまいます。自店の立地を「売れる」と思えるかどうか、そこが分かれ目なのです。

そして、実際にお客様が入りたくなる店、居心地がいいと感じてもらえるようなコミュニケーションを図りましょう。

グルメ番組から学んだ「お客様の声」トーク

「売れるようになる瞬間」とは、悩んで悩んで悩み抜いたから売れ始めるというものではなく、ある日突然、何気ない時にノウハウに気づき、売れ始めるということが多いようです。

要は、販売やサービスの売れるようになる極意とは、何気ない日常に潜んでいて、それに気づいた瞬間に変化があるのです。


私もそうでした。

いつものように、テレビのグルメ番組を見ていた時のこと。

そのテレビ番組は、行列のできるラーメン屋の紹介レポートで、お笑いコンビがラーメンを食べて評価するという番組でした。

コンビの片方が、お約束の「おいしい〜なぁ〜！　最高！」といえば、もう片方も食べてひと言、「やばい、やばい、やばすぎるくらいおいしい！」とテンションを上げる。

うーん、食いたい！　思わずテレビの前でつばを飲む。なんでこんなにおいしそうに見えるのだろう。

それは、お笑いコンビがお客様視点で伝えてくれているからにほかなりません。

きっと、これが客側のお笑いコンビではなく、そのラーメン店の店主が出てきて、自分の店のラーメンを食べ、「最高においしい！」と伝えてもここまではおいしそうには見えないでしょう。

なぜなら、店主はおいしいといって当たり前で、「おいしい」という言葉がセールストークに聞こえるからです。

そこで、ひらめきました。そうだ、これは販売も一緒だと。

売る側の私達販売員が「いいですよ」、「おすすめですよ」といい続けても、お客様にとってはセールストークにしか聞こえないのです。

それならば、**お客様の声で伝えればよい**のです。

例えば、

「この商品は、すごく着心地がよくて、リーズナブルなのでおすすめです！」

という販売トークを、

「この商品は、買っていただいたお客様のほとんどが『すごく着心地がよかったし、しかもこの値段はお得。買ってよかった』といっていただいている商品です。本当におすすめなんですよ」

と、お客様の声を伝えていくのです。

このトークで、私の売上は急激に上がったのです。

大切なことは、お客様にいってもらいましょう。お客様の声で伝えるのです。常にお客様がいっていたこと、ほめてもらったことをメモして、頭の中にインプットし、接客で活かせばよいのです。

新規のお客様は、その商品をすでに買ったお客様を信用して購入を決意するのです。

「おしゃべり好き」と「コミュニケーション上手」の違い

以前、スタッフ募集をした時に、20代前半の活発で若い主婦Aさんと、おとなしそうな20代後半のBさんという女性が面接に来られました。

Aさんは、いかにもおしゃべり好きで、「私は人が好きで、話も好きなので、販売という仕事で力を発揮したいのです」と自分のことを話されました。

一方、Bさんは、「以前アパレル販売をした経験があり、やはり販売が忘れられなくて、働かせていただきたいのです」と、ゆっくりとしたテンポだけど、しっかりとした口調で話されました。

タイプの違う2人ですが、結局、お2人共を採用することにしました。

販売経験はないが、おしゃべりには自信があるAさん。販売経験があるが、印象としてはちょっとおとなしいBさん。

この2人の明暗は仕事を始めて3ヶ月後に表れました。

お客様との会話は盛り上がるけれど、お客様がまったくリピートせず、1回きりのお客様ばかりのAさんに対し、お客様としっかりと会話をし、顧客ができ始めたBさん。

そして、それから2ヶ月後、Aさんは店長に退職依頼を出しました。

退職理由は、「私は人と話すのが好きで、この仕事をしたいと思いましたが、自分のお客様がなかなかできず、顧客もつくれませんでした」と。

では、AさんとBさんの明暗を分けたものはなんだったのでしょう。

Aさんの会話には目的がなかったのです。

Bさんの会話は、販売につながる情報をお客様に話してもらうという目的がありました。

Aさんの会話は、話題が脱線しても戻ってきません。

Bさんの会話は、脱線してもちゃんと戻ってきて販売につながっていきます。

Aさんの会話は、自分のことを話すことが中心です。

Bさんの会話は、相手の話を聴き、返答することが中心です。

テニスでいえば、スマッシュばかり打つAさんに対して、相手が返しやすい場所にしっかりとリターンショットを出すBさんという具合です。

この違いを言葉にするならば、

Aさんの会話を、雑談といいます。

Bさんの会話を、コミュニケーションといいます。

コミュニケーションとは、目的を持った会話のキャッチボールをいうのです。

決して雑談が不要というわけではありません。販売員はコミュニケーション能力を培ったうえで、「雑談力」を身につけていくといいでしょう。

「共通点」をつくってコミュニケーション力磨き

私が呉服店に勤め始めた時、同じ店舗に松本さんという、当時40歳くらいの本当によく売れる男性販売員がいらっしゃいました。

松本さんの手にかかれば、「買わないわよ」といっていたお客様が、ものの1時間で笑顔でご購入されます。

私はまるで魔法を見ているようだと思いました。とにかく、コミュニケーションで盛り上げ、お客様との心の距離をグッと縮めるのがとてもうまいのです。

その松本さんのコミュニケーションの秘密をご紹介します。


松本さんは、いつも休憩中に地図を見ていました。ある日、松本さんに「松本さんはいつも地図を見てらっしゃいますが、地図が好きなんですね」と聞いてみました。

すると松本さんは、「そうや、地図は俺のコミュニケーションツールやからな」と答えます。

「えっ？　コミュニケーションツールですか？　地図がですか？」と私は聞きました。

「そや！　地図を見ていると、地理が頭に入ってくる。大阪市内はほとんど頭に入ってるわ。だから、どこの地区のお客さんが来られても、たいていその人の住んでる地区がわかる。そこで、その地区の話題で盛り上がるんや。それがコミュニケーションや。柴田君、コミュニケーションってのはな、いかに共通の話題があるか、そこが決め手や！お前も合コンに行って、気に入った女の子と共通の話題があったら盛り上がるやろ？　コミュニケーションとはいわゆる共通項探しやん。どんなお客様とも盛り上がれる最強の共通話題が土地の話題や。だから、わしは地図をばっちり頭に叩き込んでるんや」

そういえば、松本さんの販売はいつも次のような会話から始まります。

「お客様、今日はどっから来はったんですか？」

「あぁ、平野区！　平野区のどこですか？」

「あぁ、あそこなら、でかい水道局があるとこやんなぁ。水道局の近くですか？」

という具合。

確かに、お客様が同い年だったら盛り上がる。

お客様と同じ趣味だったら盛り上がる。

お客様と同じ知り合いがいたら盛り上がる。


お客様と販売員の心の距離を縮めるキーワードは「共通点」だったのです。

そのため、自店のお客様層の生活嗜好や情報を仕入れたり、自ら経験することも、一流販売員の大切な自分磨きの方法なのです。

「YES」と「NO」でコミュニケーション上手になる

今やコミュニケーションの中心は、電話よりもメールの時代です。

しかし、「メールを送ったのに、全然返信が来ない」なんてことはありませんか?

それでは、メールを100％返信してもらえる秘訣を知っていますか?　簡単です。メールの最後に「?」を使えばいいのです。

メールを受け取った相手は、質問の問いかけには、答えなくてはいけないと思います。

では、どのように問いかけると、相手はより答えてくれるのでしょうか?

映画のモニターアンケート調査では、「感想を聞かせてください！」という漠然とした質問には、ほとんど回答がないらしいです。そこで、項目をつくり、

「この映画は面白かったですか？　ＹＥＳ・ＮＯ」

という「ＹＥＳ or ＮＯ」を選択する問いかけ形式のアンケートにすると、たくさんの回答がくるらしいのです。

相手の答えやすい質問を含むことが、返事が返ってくるメールの極意です。

会話も同じです。相手に「ＹＥＳ or ＮＯ」の答えやすい質問をすることで、相手はよりあなたの話しかけに返しやすくなるのです。

コミュニケーションとは、会話のキャッチボールです。相手が取りやすいボールを投げてあげれば、相手は返しやすいのです。

例えば、

「こちらのニットはどうですか？」↓「こちらのニットはお好きですか？」

「何かお探しのものがございますか？」↓「今日は秋物をお探しですか？」

という具合にです。

コミュニケーションは、相手の返しやすい質問を投げかけていくこと。感想を聞くのでは

なく、YES・NOで答えられる質問を投げかけていきましょう。

yes, yes, yes……イエスマンが生み出す好印象

ビジネスシーンで「イエスマン」といえば、調子よく上司の顔色を伺いながら、なんでも従い、うまく世渡りをする人を指し、いい意味で使われることがない言葉です。「ワンマン社長の周りはイエスマンばかり」なんていう皮肉もよく耳にします。

そんなイエスマンのイメージですが、イエスマンはワンマン社長に好かれていることだけは確かです。しかし、人は誰でもワンマン社長と同じく、何事にもYESで答えてくれる人、肯定的な応対をしてくれる人が好きです。

販売員にとって、お客様に好感を持ってもらうのはとても大切なこと。だからこそ、あえてお客様にはYESで答えましょうと、私はいいたいのです。

肯定して会話が進めばいいのですが、実際には肯定だけでは済まない場面もあります。そのための方法として、「YES」で受けた後に「BUT」で答える「YES－BUT」の受け答えが有効です。

ショッピングセンターのおもちゃ売り場で、「買ってぇ」と泣きわめいている子供の手を、「ダメ、ダメ、早く帰るよ！」といいながら手を引いている母親をよく見ます。

「ダメ」といわれれば、いわれるほど、子供はもっと泣いて抵抗します。私も3人の娘を持つ父親なので、こういう場面にはよく遭遇しました。

こんな時の対処法を知っていますか？

「ダメ、ダメ、今日は買えないの。今度ね。今日は帰るよ！」

ではなくて、

「わかった。買おうね。だけど、今度パパと一緒に来た時に買うの。だから今日は帰ろう」

このように、買う行為を肯定して答えるのです。

お客様にも同じく肯定的な反応をします。

とにかく、お客様の質問や投げかけには、**まずYES（肯定的反応）で受けて、それから**

BUT（でも）と返しましょう。

お客様：「これって私には、派手じゃないかしら？」

×：「いえいえ、そんなことはありませんよ」

○：「そうですねぇ、お客様には派手に見えるかもしれません。だけど、そんなことはありませんよ。なぜなら〜〜」

いきなり否定的な言葉で返さないことがポイントです。一度ＹＥＳで受けて、続けて自分の意見を伝えていけばよいのです。

「実は、富山のド田舎出身なんです」このプロフィールで売上アップ！

私が呉服販売の世界に入り、まず教えていただいたのが、高額品を売るには最初にきちんと自分の身元を明かしなさい、ということでした。

これは、すべての販売という世界に通用する最もシンプルで、基本的な約束事だと思っています。そして、コミュニケーションの土台でもあります。

よくテレビドラマでは、娘が彼氏を連れてきて結婚の話をされた時に、父親が「どこの馬の骨ともわからんモノに、わしの大切な娘をやるわけにはいかん！」というお決まりのシーンがありますね。

このセリフは極端な例ですが、確かにどこの馬の骨ともわからない人（素性がわからない人）を信頼するわけにはいきません。身元をはっきり示すこと、これは人間関係において昔からのゆるぎない原則なのです。

「売る、買う」という売買関係も信頼関係があるから行なわれる取引です。

だからこそ、売り手がどこの誰かもわからなければ、買う（信頼）ことはできないとなるのですよね。

私は、富山県出身なので、販売時にアピールできるチャンスがあれば、「私は実は、富山のド田舎出身でして……」と自己紹介をしてきました。おかげで、たくさんの顧客とのつながりができました。

そして、そこから、商品のみならず、**自分自身を覚えていただくという最も大切な行為につながる**のです。

まずは、自分の名前や身元をお客様に明かすようにしましょう。商品を売るだけならば、必ずしも必要ないことかもしれません。しかし、販売員ならば、もっと大切なものを買ってもらわなければならないことを忘れてはなりません。

それは、あなた自身を買っていただくことです。

4章

第一印象を磨いて
お客様に
アプローチしよう

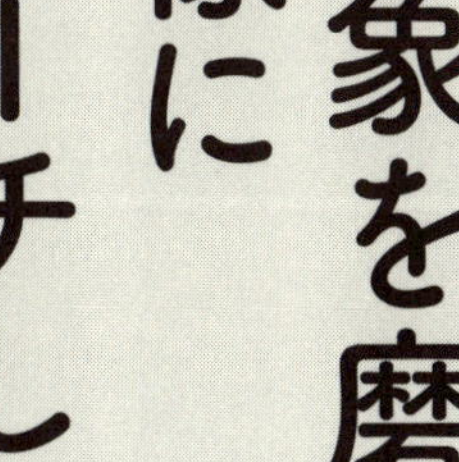

第一印象でその後の8割が決まる

人は最初のたったの6秒で相手の第一印象を決め、その**ほとんどが目から入る視覚的情報で判断する**そうです。

そして、その最初のイメージがその後の印象に80％の影響を与えるらしいのです。

ようするに、その後どれだけ努力しても、最初に与えた印象の80％は相手に残ってしまうということです。

それほど第一印象というものは大切です。

ここでいう第一印象とは、化粧やいかに自分を綺麗に見せるか、ということではありません。「見た目」というより、「どう見られているか」ということをお伝えしたいのです。

販売員として、待機中やアプローチする時の自分の見せ方を磨くこと、これも相手に好印象を残す大切な自分磨きのひとつです。

人の第一印象で、最も記憶に残るのが、見た目、歩き方、姿といった視覚からのもので、なんと約5割。

続いて、話し方や表情といったものが4割。そして、話す内容はたった1割だそうです。

ということは、あなたのお店に入りたくなる視覚的な待機方法や、あなたの好印象を残すアプローチ法といったことが初対面のお客様には大きく影響するものと思われます。

自分を磨くということは、自分の「第一印象磨き」でもあるといえます。店の第一印象も、販売員のあなたの第一印象に密接に関係しているのです。

この章では、待機とアプローチを中心に紹介したいと思います。

お客様が入りやすい店の第一印象をつくる――待機――

店の前を通る人やこれから入店しようと思っているお客様に、店はどう映っているでしょうか？　つまり、店としての第一印象はどのようなものでしょうか。

お客様は初めて入店する時は特に、遠くから何度か店を品定めし、ウィンドウから店内をのぞいたりして、それから店に入るかどうかを決めます。直感でいきなり入店されることは少ないものです。

その時、商品と同等、いや、それ以上に店に入るか入らないかを選ぶものさしが、スタッフの待機姿勢です。

いくら魅力的な商品があっても、スタッフを見て、入店をやめて通り過ぎることも多くあるのです。

例えば、お客様はこんな待機姿勢を自然と避けています。

「3人集まる嫌な店」という言葉を聞いたことがありますか?

店内でスタッフ3人が集まっている姿が、お客様に不快に映ることをいいます。なぜ不快に映るのでしょうか。

それはお客様にとって、3人集まっている姿が「愚痴、悪口、不満」といったことを話しているように連想されるからです。

心理学でも、「人は3人集まると、他人の品定めを始める傾向にある」といわれています。

そのようなスタッフを見て、お客様は自然と嫌なイメージを抱いてしまうのです。

私は商業施設で講演がある時、必ず講演前にそのショッピングセンター内をお客様の目線を意識して歩くことにしています。

そうすると、お客様の入店が少ない施設や店ほど、販売員にとって都合のいい空間、居心地のいい空間になっていることに気づきます。

お客様が来ない店は、お客様への配慮がだんだんとなくなっていき、「不感症」となってしまうのです。

では、どんな待機方法をすればいいのでしょうか。

まずは、**店のメイン通路で待機をしないこと**です。何気ないことですが、とても大切なことです。

店には必ずお客様が入店しやすいメイン通路があります。「お客様、こちらから店内へどうぞ」というメッセージを持つ一番大きな通路です。

ファッションビルならば、売れ筋商品を着たトルソーを置いたサイドの通路かもしれませんし、郊外ショッピングセンターならば、ベビーカーが楽に通れるゆったりとした広い通路

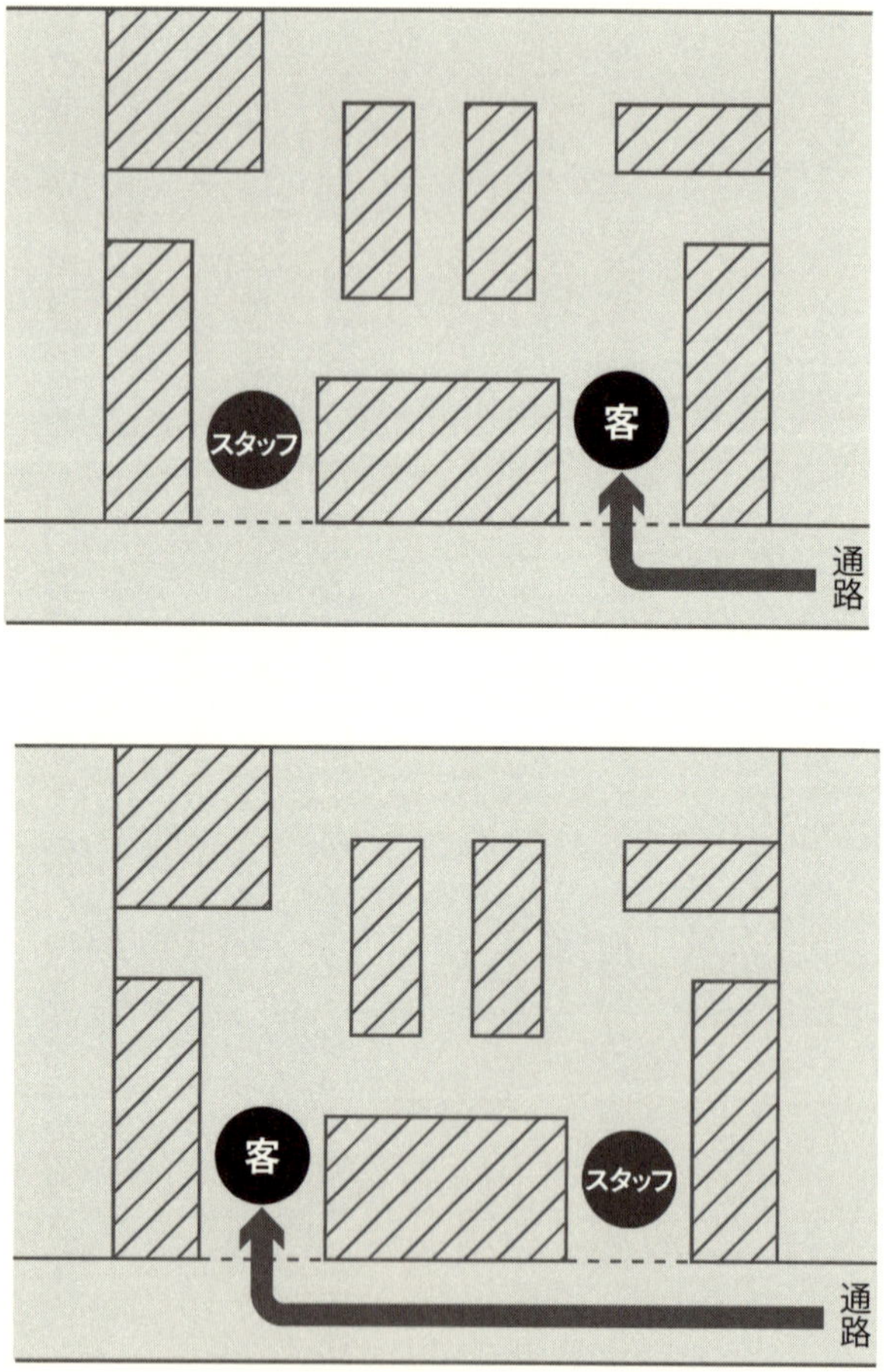

お客様は常にスタッフが
いない通路から入店される

かもしれません。

そのメイン通路でスタッフが待機しているとお客様の入店は半減します。

お客様の入店状況をよく観察してみてください。お客様は、待機しているスタッフの反対側（遠い通路）から入店されることが多いことに気づくと思います。

そう、お客様は、待機スタッフを避けるように入店するのです。

つまり、メインの客導線通路で待機することは、お客様の入店を阻んでいることになるのです。

前述しましたが、お客様はスタッフを見て入店してきます。だから、お客様は販売員を避けるように店に入ってくることが多いのです。

販売員は自分が避けられることを前提として、待機する場所を選ばなければなりません。

ダメな待機、いい待機

よく前で手を組んでお客様の入店を待っている販売員がいます。いかにもお客様を待っている姿に、入店しづらいのはもちろんのこと。大変だらしなく見えます。

以前、講演を聞いてくださったミセスのアパレルショップのオーナーから「なかなか売上が上がらないので、店内の配置換えをしたいと思っています。陳列や什器の配置を見ていただけないですか？」と相談されました。

その時は講演直後で帰りの電車まで時間があったので快諾し、オーナーと一緒にその店に移動して、30分ほど店内のレイアウトについて話し合い、改善しました。

その30分間、待機していたその店のスタッフは、ずーっと手を組んで暇そうに、何するわけでもなく店内をうろうろしています。

そして、それを注意するわけでもないオーナー。気になった私は最後にオーナーに助言させていただきました。

「入店が悪いのは、レイアウトや商品構成といった部分も確かにあるかもしれませんが、それ以前に店として入店率を減らしている原因があると思いますよ」と。

お客様は商品と同じぐらいスタッフを見て入退店しているのです。

お客様が入りたくなる店の待機とは、動待機と静待機を繰り返していることです。

動待機とは、陳列を換えたり、棚卸しをしたり、商品をきちんと並べたり、商品チェックをしたりと、商品や書類を手にして売り場で作業しながら待機する方法。

棚卸しの忙しい日に限って、お客様の来店が多くありませんか。それは、真剣に忙しそうに作業しているあなたを見て、お客様は来店されているからです。

お客様が入りやすくなる動待機のポイントとは、商品や書類、ボールペンを手に持って動く、ということです。


そして、静待機とは、レジ集計などの事務作業中心の動きがない待機です。

お客様が入りたいと思う静待機のポイントは、体の背筋を伸ばした凛とした姿勢で立ちながらも（特に足元は要注意）、首から上は常に周囲に気を払い、周りへの目線が広く、気配りを忘れないことです。

店内にお客様がいないからといって、背筋を曲げ、だるそうに片足をぶらりとさせ、書類業務に没頭して、「お客様は関係なし」という態度のスタッフも見かけます。これは完全にNGです。

お客様が入りたくなる待機とは、あなたが忙しく仕事をしている姿なのです。動待機ならテキパキと作業をしている様子。静待機なら、事務的作業に真剣に取り組んでいる姿。お客様はあなたの仕事への取り組み方も見ているのです。

お客様を警戒させない待機術で入店率アップ

私は、お客様と同じ視点で店を見るために、フラッと自社の店舗に予告なしに立ち寄ることがあります。

先日、抜き打ちで店に行ってみると、店長がレジカウンターで笑いながら電話をしていたので、注意しました。

聞いてみると、電話をしていた相手はメーカーの営業マン。決して、私用電話をしていたわけではないといいます。

いやいや、電話の相手がメーカーの営業マンだろうが、他店の店長だろうが、友達だろうが関係ないのです。

ここでいいたいことは、店で電話している姿はお客様から見られているということです。笑って電話をしている姿を見れば、私用電話と思われても仕方がありません。

我が社に三宅店長というファミリー向けアパレルショップの店長がいます。

ここも、抜き打ちでよく行くショップなのですが、彼女はいつも電話をしている時に手ぶらではありません。ペンか書類を持ちながら電話をしています。書類やメモ、ボールペンが必要ない電話でも常に手にしているのです。

だから彼女が電話で笑っていても、仕事の電話だとわかります。

待機の時もそうです。三宅店長はいつも商品や書類を持って店内を回っています。

書類を持った販売員がお客様の隣に立っていても、お客様は警戒しません。なぜなら、お客様から見れば、書類を持った販売員は、「何か別の仕事をしている最中」なのです。

お客様に警戒させない待機が大切であることを三宅店長はわかっているのです。

お客様が店を見た時に、真っ先に目が行くところ、それは販売スタッフです。**お客様は、販売員の姿、立ち位置、顔、動作を見て、入店を決めます。**

だからこそ、お客様から見て、入りやすい待機をすることが最も大切なことなのです。

販売員は、いつ、どこから、見られているかわからない仕事です。お客様が警戒せず、安心して入ってきてもらえる販売員の待機術、それは、「仕事をしている最中」なのです。

売れるスタッフはアンテナが高く、声の効果を知っている

我が社の中でも売れている店の共通点、それは待機中のスタッフのアンテナが高く、忙しそうな店です。

アンテナが高いスタッフとは、**視野が広角で、常に背筋が伸び、周りを見渡し、隅ずみまで気配りが行き届いている人**のことです。私が店に向かって歩いていくと、まだ店から遠い場所にいても、スタッフからアイキャッチされるのが早いのです。

逆に売れていない店は、スタッフが下を向きがちで、商品陳列の整頓などに没頭し、店の前に立っても気づいてもらえないこともあります。

売れている店は、たとえあまり売れていない日でも、売れているように見えるから不思議です。

スタッフの笑顔、歩くスピード、キビキビ感、まるで売上目標を達成したかのように明る

く快活に仕事をしているのです。

ところで、人間は本能的に人の声が好きだと思います。

赤ちゃんは、人の声に反応して泣きやみます。我が家の3歳になる娘に、絵本を読んであげると、知らぬうちにすやすやと寝ています。絵本のストーリーなんて関係ないのです。人の声を聞いているうちに安心して、眠りにつくのです。子守唄もそうですよね。

女性だって、さみしい時や疲れた時、恋人の写真を見るだけより、電話で直接声を聞けた方が、落ち着いたり癒されたりするものです。

とにかく人の声には、不思議な和らぎと安定効果があるものです。

例えば、セール時に店の前で「いらっしゃいませ！　店内、オール3割引でーす！」と大声をあげると、お客様がたくさん入店されます。しかし、かけ声を止めるとスーッとお客様が引いていきます。

人の声に反応して寄って来ているのです。特にセール中は、販売員の肉声に鼓舞されて、お客様の気分も高まるものです。

店内に人の声がある店は、ない店よりも買い上げ率が高いことは証明されています。

ですから、なるべく店にいる時は声を出しましょう。人の声は、入店率、滞在時間、買上率を上げる魔法のＢＧＭなのです。

アプローチのタイミングは早いほうがいい？

売れている店はアプローチのタイミングに共通点があります。

それは、アプローチが早いことです。

しかし、スタッフから「店長からは、アプローチをもっと早くしてといわれるのですが、早くするとお客様が嫌がられる気がするんです……」という悩みも聞きます。

これも、確かに間違いではありません。


お客様には入店後、すぐにはアプローチされたくないという心理が働いています。入店して、その店の空気になじむまでの30秒、誰にも邪魔されたくない、話しかけられたくない、と思っています。この時間をパーソナルタイムと呼びます。

図を見てください。縦軸を期待値、横軸を在店時間としました。

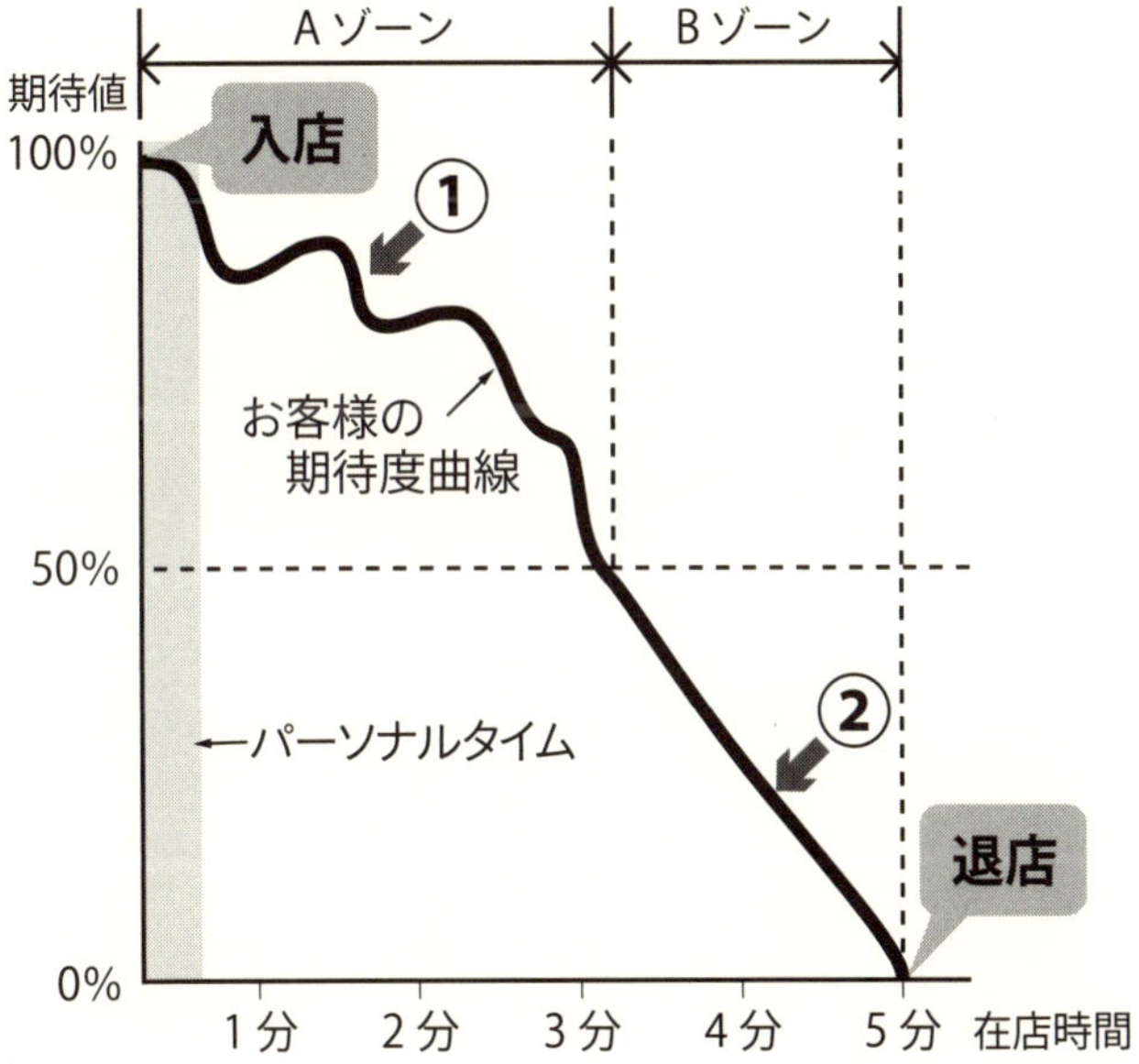

②より①のほうがお客様の興味がある状態。
その間にアプローチしよう！

お客様が入店されるということは、その店に「いいものがないかな」という期待を持っている状態です。なので、入店時は期待値が１００％ということができます。

そして何もアプローチしないでいると、お客様は店を回遊しながら、徐々に期待値が下がっていきます。期待値０が店を出て行く瞬間です。

では、再度図を見てください。

お客様は１００％の期待値を持って入店されます。そして、入店して約30秒間は、**パーソナルタイム**です。この時間は基本的にアプローチ禁止期間です。

そして、お客様がようやく店の空気になじみ、少し歩き回って商品を手にしたりしている期待値50％までの時間（図のAゾーン）、ここがアプローチタイムなのです。

これを過ぎると、お客様の店に対する期待のモチベーションは著しく衰退していきます（図のBゾーン）。

この時のお客様は、店内の商品をほぼ把握し、ピンとくるものがなかったら、期待値は低下し、そろそろ店を出ようかな、と思いながら店内を見ています。

このBゾーンでアプローチしても、ほとんど成功しません。なぜなら、お客様の期待値は「店を出よう」と思うところまで来ていますから。

よって、お客様の店への期待値がまだ高く、店へ興味があるうちにアプローチしたほうが、成功率が高いのです。遅くなればなるほど、アプローチの成功率は下がります。

効果的なアプローチのポイント

新人スタッフに多いミスですが、いきなりお客様へ近寄っていき、真横に立って「こちらの商品、素敵ですよね」と、お声かけをしているスタッフがいます。

これではお客様をびっくりさせ、アプローチがうまくいきません。

前述したパーソナルタイムと同じように、お客様には他人に侵入されたくないパーソナルゾーンという範囲があります。

本人からだいたい半径50センチ以内を**パーソナルゾーン**と呼び、そこは他人にいきなり入って来てほしくない距離です。腕を伸ばした長さよりひと回り小さい範囲です。

人はその中にいきなり侵入されると、その相手に不快な思いを抱くのです。

したがってアプローチする時は、最低50センチ以上の距離が必要です。店の広さにもよりますが、だいたい80センチ～100センチが適度なアプローチ距離だと覚えましょう。

そして、斜め45度の角度でのアプローチが効果的です。稀にお客様の正面からアプローチしているスタッフがいますが、これも、お客様にプレッシャーを与えてしまう行為です。

お客様の心境は十人十色です。まったく反応がないお客様もいらっしゃいます。あまり人と話すのが得意ではないのかもしれません。そんなお客様に無理に会話を続けたり、後をつけ回す尾行アプローチはもってのほかです。

一度アプローチして会話にのってこないのなら、そっと離れて見守りましょう。

無反応なお客様をイヤなお客様と決めつけないことです。もしかしたら、あなたのアプローチが馴れ馴れしく感じられたのかもしれませんし、単にもう少し1人で見させてという信号かもしれません。

ではここで、積極的にアプローチしていきたいお客様を紹介しましょう。

【在店時間が5分以上の方】

5分以上滞在している方は、かなり商品に興味を持っているか、何か探しものをしている方です。ぜひお声かけしましょう。

「何かお探しの物がございますか？　お手伝いできることあれば何なりとお申しつけくださ い」

【商品をジッと見ていらっしゃる方】
ひとつの商品をジッと見ていらっしゃる方には商品をアプローチしましょう。
また、商品に触れたり、手にしていらっしゃる方にも商品特性を伝えると効果的です。

【2度目の来店の方】
再来店されたお客様は、必ず気になっている商品がありますので、お客様の行動を見極めながら、早いアプローチをしてもいいでしょう。

ご挨拶アプローチとおもてなしのアプローチを身につけよう

ご挨拶（ワンプッシュ）アプローチとは、「ぴったりとお客様にくっついてするアプローチ」でなく、**軽い挨拶程度の声かけ**アプローチです。

「よかったらサイズをお探ししますので、声をかけてくださいね」と、**笑顔で声をかけ、早々に一度引く**のです。

そして再度、お声かけのタイミングを待つのです。

このひと声をかけることによって、お客様が販売員に何か尋ねたくなった時に質問しやすくなります。また、お客様からすると、販売員の無言のプレッシャーから解放されて、好きなように商品を見て回ることができます。

そして、目的商品を探しているお客様にとっては、救いのひと言になる場合も少なくありません。

通常のアプローチよりも、ご挨拶に近いワンプッシュアプローチを身につけましょう。きっと接客数が増え、長い目で見たら売上がアップすることでしょう。

もうひとつのアプローチ方法があります。

アプローチは、何も商品の話を切り口にするだけではありません。お客様のことをよく見てください。もっと自然なアプローチのかけ方が見えてくるはずです。

例えば、

✣お客様が2回目の来店をされたなら　→　「何かお探しのものがございましたか」
✣お客様が商品を手にきょろきょろ周りを見渡していたら　→　「鏡はこちらです」
✣鏡前にいらっしゃれば　→　「試着室がございますので、ご利用ください」
✣商品を広げ、戻そうとされた時　→　「そのまま置いておいてください」
✣ハンガーを外そうとしていたら　→　「ハンガーをお取りいたします」

お客様のお手伝いをさせていただくこと、これがおもてなしのアプローチです。

店は我が家、お客様はゲスト、私達がすべきは、おもてなしなのです。

「売り」重視のアプローチではなく、おもてなしのアプローチが接客の原点であることを忘れてはいけません。**一歩先の気配り**をするのがおもてなしです。

どのアプローチでも一番大切なのは表情です。

人の第一印象のよし悪しは本当に単純なものです。それは、笑顔があるかないかなのです。

アプローチに失敗するスタッフのほとんどに笑顔がありません。感じのよい表情の人に心を開くのは、私達自身も経験していることではないでしょうか。

お客様が手に取ったものを覚えておく

お客様が来店され、店内をゆっくりと回遊しながら商品を見ていらっしゃいます。何度か立ち止まっては商品を手にして、ちょっと見た後に棚に戻しています。

このような時は、お客様が手に取った商品を覚えておきましょう。次のような場合、この商品がとても役に立ちます。

✣もう一度、同じ商品を見に戻られた場合　→　即アプローチしましょう。お客様はその商品を気になっています。

✣他の商品でトークが始まった場合　→　「先ほどお客様が手に取っていらっしゃった○○の商品も素敵ですよね」と、販売トークの中で、もう一度おすすめしてみる。

お客様の店内行動の何気ないところに、お客様の入店目的やお客様の好みが潜んでいるのです。売れる販売員ほど、お客様のチェックに余念がありません。

もちろん、ジーッとお客様を観察するように見つめてはいけません。あくまで温かい雰囲気で見守るように、さりげなくチェックするのです。

客待ちの匂いがしない店が、待機上手な店。売る気の匂いがしないスタッフが、アプローチ上手なスタッフ。

店の第一印象がスタッフの待機姿勢ならば、スタッフの第一印象がアプローチです。

これまでも触れてきたように、お客様が嫌がる待機が、「いかにも客待ちをしている待機」です。

逆にお客様が好きな待機とは、スタッフが業務や接客で忙しそうにしているけど、お客様がいざアドバイスを必要とした時には、すぐ来てくれる店ということになります。

だから、あなたに求められる待機とは、待機中の仕事を探し、その仕事をしっかりとしながらも、お客様への気遣いを忘れないということになります。

お客様が店に不在の時、仕事を見つけ出し、しっかりとその仕事をすることが必要なのです。

確かに、私達の第一の仕事は販売ですし、接客です。それはお客様が来店されないとできません。しかし、何もせずにお客様の来店を待っていることは仕事ではありません。

お客様がいない時にお客様を待つのでなく、**お客様が来店しやすいよう、仕事に没頭する**のです。


また、お客様が嫌がるアプローチは、いかにも売る気がするアプローチです。

逆にお客様が好きなアプローチとは、売る気は見えないけど、話をよく聞いてくれ、安心して商品を見せてくれるスタッフです。

だから、あなたに求められるアプローチとは、お客様の来店目的にしっかりとお答えできるように誠実に接することになります。

売る気の見えるベテラン販売員よりも、本当に売る気がない新人スタッフの方がアプローチに成功する場合が多々あるのもそういうことなのです。


本章の冒頭でお伝えした通り、最初のイメージがその後のイメージに80%の影響を与えるのです。

第一印象を磨くとは、自分を磨くことそのものといっても過言ではないのです。

5章

お客様に気持ちよく買い物してもらう工夫

お客様に「喜んで買っていただく」お手伝いが私達の仕事

「ただ単に買っていただくことが目的ではなく、喜んで買っていただくことを目的としなさい」

私が呉服店の新入社員の頃、店長からよくいわれた言葉です。

「柴田はまだまだ買っていただくことに精一杯で、お客様に『いい商品を買った』と思っていただけていない。

だからお客様は、再度この店、そして君から買いたいと思っていないんだよ。

大切なのはお客様に、**『今日はいい商品を買わせてくれて、ありがとうね。また来るわ』**といっていただくことなんだ」

と店長の言葉は続きました。

それから私は、いかにお客様に喜んで買い物をしていただくか、徹底的に考えました。

「喜んで買っていただく」とは、お客様に「今日はいい商品を買った」と満足していただくこと、そのお手伝いが私達販売員の仕事なのです。

この章では、お客様に喜んで買っていただくための、私達ができるちょっとした工夫を紹介していきます。

梨販売のおじさんは、たった5秒で商品の価値を上げる

「商品の価値」をお伝えすると、お客様は気持ちよく購入できます。

そして、販売員は商品の価値を上げることができます。それは、商品をよく見せようとウソの情報をいうことではありませんし、過剰な期待をさせるように情報操作することでもありません。

個々のお客様に合わせた喜ぶ情報、得する情報をお伝えすることです。

それは、情報だけに留まりません。販売員のちょっとした気配りや工夫などでも価値を上げることができます。


ここでひとつ例を紹介したいと思います。

私のふるさとである富山県の呉羽という地区は、「呉羽梨」という梨が特産品なのですが、この梨を売る露天商のおじさんの販売を紹介します。

毎年8月の後半になると、大通りの脇には「呉羽梨」と書かれたのぼり旗がたくさん立ち、梨を山積みにした露天商が並びます。

購入客は路肩に車を停めて、露天の梨商人から梨を買います。

「梨を6個もらえますか？」、「あいよ！　梨を6個ね！　1200円になるよっ！」という具合に梨を買うのです。

ここで、この呉羽梨の商人は、たった5秒で商品価値を上げることをします。

たった5秒と聞いて驚かれたでしょうか。

普通の露天商は梨を渡す際、山積みになっている上から、もしくは手に近いところにある梨を渡すことでしょう。

しかし、呉羽梨の商人は必ず梨を選ぶのです。たった5秒間ですが、山積みの梨から、より鮮度がいい梨、おいしそうな梨を選んで渡すのです。

購入客はその行為を見て、「いい梨を買った」と得した気分になります。

ただ単に梨を上から取って袋に入れるのではなく、たった5秒でもきちんと選んで梨を袋に入れる、これだけです。

これが、商品の価値を上げる行為なのです。

私達販売員は、商品をどれだけ丁寧に扱っているでしょうか。**商品を扱う印象で、商品価値は変わります。**あなたが商品を丁寧に扱えば、それだけ商品価値は上がるのです。

それではここで、ひとりでできる簡単な「商品価値アップトレーニング」を紹介します。

まずは、店内にある同じアイテムの違う商品を2つ取り出します。

ひとつをA、もうひとつをBとします。まずは、AとBを比べて、Aのほうがよい点を3つあげてみてください。「AのほうがBよりも〜でいい」といった具合です。

続いて、同じくAとBを比べて、Bのほうがよい点を3つあげてください。

例えば、白色のニットと、オレンジ色のニットを取り出した場合。

白いニットのよい点は、「オレンジに比べて、白はとてもベーシックな色だから、他の服ととても合わせやすい」といった具合です。

では、オレンジ色のニットは、「白に比べて、オレンジは明るい色なので、シンプルすぎず、個性を出せる点がよい」といった具合。

売れる販売員は、どの商品価値でも上げられるトークができます。すべての商品のよさをわかっているからです。

お客様は店の中にあるどの商品を気に入られるかわからないのですから、すべての商品の価値を上げられる練習をしておきましょう。

お客様の迷いは常に6対4

お客様が2つ以上の商品を持って「どっちがいいと思いますか」と聞かれる場合がありま す。どちらを買おうか悩んでいる時です。

ここで、販売員が気をつけなくてはならないことがあります。

お客様は2つの商品を、50%・50%の五分五分で悩んでいるわけではありません。五分五分の場合、販売員には聞かずに自分自身で悩むものです。

また、70%・30%で悩んでいるわけでもありません。それならば、迷わずに、70%の商品を選ぶからです。

お客様が販売員に「どっちがいいですか？」と聞く場合、たいてい60％・40％で悩んでいるものなのです。すでに、ひとつは60％の思いで買いたい商品なのだけど、40％の商品も気になっているのです。

お客様はこんな時、60％気に入っている商品を販売員におすすめしてもらいたいのです。つまり、「いい商品である」ことを教えてほしいのです。その確認の問いかけなのです。

ここで販売員が40％気に入っている商品をおすすめしてしまうと、決まらなくなってしまいます。

きちんと60％気に入っている商品をすすめると、「やっぱりそうですよね。じゃあコレにしよう！　これください！」となります。

では、60％気に入っている商品の見分け方です。それは、お客様にあえて「お客様はどちらが気に入っていますか」と聞いてみることです。

「えー、自分としてはやっぱりAなんですけど、ちょっとBも気になってて」といったら、最初に出てきたAの商品が60％の商品です。たいていお客様が最初にあげるのが60％の商品なのです。

お客様の悩みは、親身になって聞いてあげましょう。

ただし、お客様と一緒に悩まないこと。そして、60％気に入っている商品を見抜いていきましょう。

そうするとお客様はあなたのことを、的確なアドバイスをしてくれる販売員、自分のセンスをわかってくれる販売員として記憶してくれます。

お客様は思いっきり「似合っている」といってほしい

お客様が買い物中、販売員の言動を一番気にする瞬間とはいつでしょう？

私は間違いなく、鏡の前で商品をあてて見た時の販売員の表情と第一声だと思います。同じように、試着室から出てきた時の販売員の表情とひと言も気にするでしょう。

お客様が「どうですか？　似合ってますか？」と聞いた時、冷静に「えー、そうですね。素敵だと思いますよ」と、歯切れが悪い対応をする販売員がいます。

これでは売れません。

私の経験からいうと、お客様が試着室から出てきた時の反応は購買に大きく左右します。

スタッフ同士でロールプレイングをするならば、鏡の前で服をあてて見ているお客様、試着室から出てきたお客様にどう声をかけていくかも練習していきましょう。

お客様は、気に入っている商品を思いっきり「似合っています！」とあなたにいってほしいのです。


目的のあるお客様は、あなたの店の商品を見ながらも、実は頭の中で、他店で見た別の商品と比べているものです。他店でも試着をしてきたかもしれません。

お客様のものさしで商品と販売員を比較しているのです。

そこで、「似合っています」というひと言と共に、商品の価値も伝えましょう。この商品・店にしかない独自性を伝えることです。その独自性とは、

✣ブランドの特徴
✣素材・形の特徴
✣柄の特徴
✣加工・製造テクニックの特徴
✣自分の店での売れ行き情報

✣すでにお買い上げのお客様の感想

など、その商品にしかない特徴で、お客様が知らない情報をお伝えするのです。

商品の価値を上げる3つの方法

『開運！ なんでも鑑定団』というテレビ番組を知っていますか？ この番組を見るたびに、壺や掛け軸に何百万も払って買っている人を見て、その方面にまったく興味のない私は「？」となります。

その一方で、私はジーンズショップでアルバイトをするほど、ジーンズが大好きで、3万円、5万円もするジーンズを平気で買ってしまいます。

私が壺や掛け軸のよさがわからないのと同じく、ジーンズにまったく興味のない方から見ると、「5万円？」と不思議に思われるでしょう。

そう、私はジーンズに価値を見出すから、5万円も支払うのです。

『開運！ なんでも鑑定団』に登場する方々も、骨董品に価値観を持っているから大枚を支払うのです。

人は、自分が価値観を持つものに、お金を払います。買い物の一番のキーワードは「価値」なのです。

それゆえ、すでに何度も述べていますが、私達販売員のするべきことは、その商品の価値をお客様に十分に伝えること、価値を高めてお渡しすることだといっても過言ではないでしょう。お客様が買い物に満足していただくために必要なことです。

では実際に、販売の中で商品価値を上げる3つの方法を紹介したいと思います。

①直接価値アップ法
②比較価値アップ法
③背景価値アップ法

この3つです。

それではここで、

「オレンジ色で肌触りのいいクルーネックセーター」

を例に、実際に商品をおすすめする場面を想定して、３つの方法を一つひとつ紹介していきましょう。

①直接価値アップ法

文字通り、その商品のダイレクトなよさをお客様に伝えていきます。

その際に、気をつけてほしいのは、物事には長所があれば、短所もあるということです。つまり、価値を上げる点もあれば、価値を下げる点だって存在するのです。

あくまで、価値を上げる側面だけを伝えていくことはとても大切です。「○○なので、△△なんです」というトークが一番単純な直接価値アップのいい回しです。

「かわいいオレンジ色なので、顔映りがとても明るくなります」

「カシミアを使っていますので、とても肌触りがよく、暖かいんですよ」

「とても軽いので、着心地がいいです」

「クルーネックなので、流行に左右されず、着て行く場所も選びませんよ」

②比較価値アップ法

ここでは、Ａという商品の価値を上げるために、対照的なＢという商品を持ってきて比較していきます。
あえて対照的な商品を持ってくることで、商品価値を高めていきます。
では、「オレンジ色で肌触りのいいクルーネックセーター」の価値を高める比較商品とはどんなものでしょう。
オレンジ色のかわいさを引き立てたいなら　→　地味な色のセーター
肌触りのよさを伝えたいなら　→　素材が粗いざっくりしたニット
といった風に、あえて反対のもので、商品の価値を高めること。これが、比較価値アップ法です。

③背景価値アップ法
背景価値アップ法では、見えるものの価値でなく、そのものが有する背景を語ることによって、価値を高めていく方法です。

見た目の価値に対して、中身の価値を伝えることです。

たとえば、「オレンジ色で肌触りのいいクルーネックセーター」の、入荷の難しさを語ることにより、貴重な商品であることを伝え、価値を上げるのです。

【稀少性】
「このオレンジ色のセーターはすごい人気で、一度品切れしてから、その後なかなか入荷しなかったんですが、昨日やっと再入荷したんですよ」

【流行】
「この、オレンジ色のセーターは、この雑誌にも載っています。今年はオレンジがすごく流行っているんですよ」

【鮮度】
「このオレンジ色のニットセーター、ちょうど先ほど入荷したばかりの新商品なんです」

このように、商品価値を上げることは、「この商品にしかないこと」をお客様に伝えることです。

お客様は似合っているからといって、買いたくなるわけではない

「とても似合ってらっしゃいますよ。おすすめです！」

お客様が洋服を選んだり、試着したりすると、販売員は必ずこの言葉でおすすめします。しかし、お客様は、「うーん」と悩んだ挙句に、「ちょっと考えてきます」と答えることが多々あります。

なぜでしょうか？

お客様は似合っているという理由だけで、洋服を買うわけではないからです。似合っているということと、買いたくなることは別問題なのです。

このことを理解すると、「販売」のことがすごくわかりやすく見えてくると思います。

ずばり、**買いたい商品とは、「似合っている＋自分にメリットがある」商品**なのです。

つまり、

似合っていて、安い。

似合っていて、この店にしかない。
似合っていて、ずっと長く着られる。
似合っていて、ちょうど入荷した商品である。
と、「似合っていて、しかも○○」。この○○が、お客様へのおすすめ理由であり、お客様にしてみると、「買う理由」なのです。それを販売員は伝えていかなくてはいけないのです。

今は、販売員のほどほどの笑顔、ほどほどの知識、ほどほどの雑談で売れる時代ではありません。

お客様は、本当にほしいもの、本当に買う価値のあるものを探しています。しかも、その商品を、あなたの店から、そして販売員のあなたから買わせてほしいのです。

つまり、お客様は「買う理由」を探し求めているのです。端的にいうと、販売員に「これを買っても後悔しないですか」と聞きたいのです。

前述した「似合っていて、しかも○○」。この○○に入る「買う理由」を的確にプレゼンできた時、お客様は購入に踏み切ります。

もし、あなたが接客してもお客様が購入されないのは、あなたが「お客様が買う理由」を的確にプレゼンできてないからです。それは、販売員の仕事のミッションなのです。

お客様に提供できる「買う理由」は、身近なところにあります。

お客様は、自分だけ特別な買い方をしたくないのです。

例えば、まだ寒い時期に気に入った春物商品があっても、お客様は購入するには不安を持ちます。「こんなに寒い時期に春物を買うのって、私だけ？」と思うのです。

他の人たちが、「どんな買い方をしているか」を知らないと不安になるのです。

それを伝えると、お客様の不安は一気に解消される場合が多いものです。例えば、

お客様：「この商品、気に入ったけれど、まだ春物を買うには、早いわよねぇ」

販売員：「そうですね、実は昨日も違うお客様が同じように悩んでいらっしゃったのですが、結局は『後からだとなくなっちゃうかもしれないし、今のうちに気に入った物を買っておいたほうがいいかもね』といって買って行かれましたよ」

お客様が、気に入っているのに買われない理由は、「不安」があるからです。その不安を「安心」に変えるには、同じような不安な状況があっても購入されたお客様の例が一番です。

お客様に「買う理由」「安心して買える理由」をお伝えするのも販売員の仕事です。

説得力のあるおすすめトーク

お客様は納得して商品を買いたいものです。納得した商品を買った時に満足します。そのために私達販売員は、説得力を持たなければなりません。

納得してもらうためのアピールポイントをトークに盛り込んでいきましょう。ここでいくつかのポイントを紹介していきます。

【おすすめしない理由を伝えよう】

販売員はいつもお客様におすすめする理由ばかり話していると思いませんか？

確かに、「〇〇だから買ったほうがいいですよ」というおすすめ理由は大切です。ですが、逆にいえば、「〇〇だったらおすすめしません」という仮説を入れて、おすすめしない理由をお伝えするのも説得力があり、お客様によりわかりやすく伝わる場合もあります。

例えば、身長が高いお客様に、

「お客様は、身長がスラッとされてらっしゃるから、とてもよくお似合いだと思います」

これで終わらずに、仮定を使って「おすすめしない理由」を伝えます。

「身長が低い方だったら、この大きな花柄がひき立たないのでおすすめしないと思います」

このように説明すれば、お客様は自分と商品の相性に納得してくださるのです。

【素材をアピールしよう】

お客様：「この素材は何ですか」

販売員：「これは、ポリエステルですね」

お客様：「あー、そうですか……（合成繊維か、肌に悪いかも）」

このような場面になることはありませんか。

素材を説明する時は、必ず「〇〇（素材名）だから△△（特徴）なんですよ」という会話を続けましょう。

ちょっとしたことですが、お客様からのプロの販売員としての信頼を得られますし、お客様は自分が知らない情報を知りたいのです。

例えば、

「ポリエステルが入っていますので、シワになりにくく、旅行に持って行っても大丈夫です」

「これは、ポリウレタンのストレッチ素材で伸縮しますので、着ていて非常に楽です」

素材の説明は、聞かれたからするというのではなく、こちらから積極的に説明し、メリットを伝えていきましょう。


【商品の入荷する背景を語ろう】


お客様に知ってもらいたい事項のひとつに、商品の入荷背景があります。

商品一つひとつに入荷のドラマはあるものです。それをしっかりと伝えていくことは、お客様と商品の出会いを演出する、重要なトークになるでしょう。

たとえば一度完売し、再度追加で入ってきた商品は、背景を語る絶好の商品です。

「その商品はすごく人気で、すぐに完売し、店長が再入荷を何度もお願いして、ようやく二度目の入荷があった人気商品なんですよ！」

「その商品は支店同士で取り合いになったくらいの人気商品なんです」

商品の入荷背景を語れば、その商品にドラマが生まれます。そのドラマを「商品価値」と呼ぶのです。普段はお客様に伝えない入荷背景をお客様に語りましょう。

【商品の品薄感を伝えよう】

お客様はたいてい、いつ行っても店には商品はあると思ってらっしゃる場合が多いものです。しかし、商品は店にずっとあるわけではないのが実情です。

そこをしっかりとお客様にお伝えしましょう。

気に入った商品を見つけ、迷った挙句にその日は買うのをやめたけど、後日やっぱりほしくなって来てみたら売り切れていた。こんな経験をするお客様はたくさんいらっしゃいます。

その時、お客様はすごく後悔されます。だからこそ、気に入っていた商品の品薄情報はしっかりとお伝えしておくのが大切です。

「その商品は在庫があまりありませんので、気に入っていただけたら、ぜひおすすめです」

「大変人気の商品なので、残念ながら追加がなかなか入らない商品なんですよ」

お客様は品薄商品に敏感に反応されます。いつもあるものよりも、品薄の商品を買いたくなってしまうのが購買心理です。

レジへは誘導しないこと

私が新宿の「イセヤ」というジーンズショップでアルバイトしていた学生の頃、1ヶ月のジーンズの売上を正社員の倍近い実績を上げていました。

店長から「なぜ、柴田はそんなに売れるんだ？」と聞かれた時、私は生意気にもこう答えました。

「正社員のみなさんは、お客様がジーンズを一本決定すると、すぐにレジに誘導されます。でも、私は1本決定したからといって、決してレジへ誘導はしません。

なぜなら、レジへお誘いすることは、『これでレジに行って、お帰りください』といっていることと同じだと思うからです。

お客様は、ひとつの商品を買った後ほど、ゆっくりと店内を見回りたいものだと思います。

もちろん、お時間のない方には迅速に処理するように心がけますが、多少時間がある方には、もっと見てもらうようにレジに誘導しません。

それと、1本目のジーンズは、お客様が、『ジーンズを買おう』と決めて来店されている

1本です。だから、私は、2本目を買っていただくのが、販売の本来の仕事だと思っています」

と、今思うと生意気なアルバイトですが、売上を上げていて自信があったから、物怖じせずにいえたのだと思います。

その後、呉服業界、アパレル業界と経験し、たくさんの魅力的な売れる販売員を見てきましたが、驚くべきことにみなさん同じ考えをお持ちでした。

1点お決めになったお客様には、さりげなく2点目の提案へ移行しているのです。

レジへ誘導することは「これで販売は終わりです」と宣言しているようなもの。

いくらお客様が「まだ見たいなぁ」と思っていても、あなたがレジへ誘導すれば、販売はその時点で終わりです。

販売員はお客様の販売行動を誘導することができるのです。お客様の気持ちを読み取って、お買い物を続けてもらうこともできますし、終了することもできます。

そこで、あなたの売上はもちろんのこと、お客様が買い物に満足するかどうかが決まるのです。

お客様情報を取得しよう

お客様は「買う」と決めるまでは、買い物に失敗したくない警戒心と販売員への警戒心で、なかなか心を開きません。自分のことを初対面の販売員に話すことは抵抗があります。

それにお客様は、買うまではお店に対して遠慮の気持ちがあります。「買わないのに、見せてもらって申し訳ない」という気持ちです。

しかし、「買う」と決めた瞬間に、その店に堂々といられる開放的な気持ちに変わるのです。購入は店と販売員を信頼してくれた結果なのです。

それゆえ、レジでのお客様はとてもよく話していただけます。

だからこそ、販売員はレジ後のコミュニケーションをとても大切にしましょう。しっかりとコミュニケーションをして顧客化できるよう、心の距離がグッと近くなるよう盛り上げていくのです。

顧客化のためにはお客様の情報が必要です。ではここで、お客様情報として取得しておかねばならない、基本的なことをお伝えしましょう。名前、住所、電話番号は基本中の基本ですから、それ以外の事項をあげていきます。

携帯メールアドレス：セールやフェアのご案内など、今や電話やDMよりも有効な媒体です。

職業：お客様の背景がわかります。とても重要な情報です。

生年月日：バースデーカード等に活用できます。

サイズ：次回ご購入の際のアドバイスにも重要です。

お客様の特徴：できるだけわかりやすく、印象的な部分を明記しておきましょう。「やさしそうな人」などの抽象的な表現ではすぐに忘れてしまいますので、「笑うと八重歯が出て、ちょっとたれ目なやさしそうな人」というように具体的に書いていきましょう。

来店日時：来店の日、時間、そして曜日も必ず明記しましょう。人は曜日で行動するものなので、特に忘れずに。平日に来店された方は、次回も平日に来店されます。土日祝に来店された方は、次回も土日に来店されます。

来店目的：大切なのは、目的があって来店されたのか、たまたま時間があってフラリと立ち寄られたのかです。目的があって来店された場合、自店を目的に来られたのか、それとも、たまたまほしいものを探しに自店に立ち寄られたのかも聞いてみましょう。

来店時のお洋服：来店時の服装は、その方を思い出す上で重要なので記録しましょう。

購入商品：商品名、サイズ、色柄、特徴を明記します。

購入の決め手：必要な商品だったから、好みの商品だったから、ブランドが好きだったから、値段が気に入ったから、など。

販売での特筆事項：お客様の販売時の買い方の特徴や、気になったことを記載しておきましょう。例えば、「なかなか1人では決められない様子で、何度も友達に「似合っているか」聞かれていた方」とか、「気に入ったら即決される方で、それゆえ気に入らないものをおすすめしても無駄のよう」など、コミュニケーションからわかるお客様の性格や特徴を書いておきましょう。

次回提案商品：次回の提案をしたかしていないか。何をおすすめするとよいか。お客様から気になっている商品を聞き出せたならば、その商品も記載しましょう。

ただし、お客様に再度来店していただける情報を記録しなければ、顧客名簿にする意味がありません。その情報は、お客様にとってほしい情報、喜ばれる情報が取得されているかどうかです。

例えば、「お客様が、ダウンコートが気になるとおっしゃっていた」という情報があれば、初冬に行なう「コートフェア」がお客様にとって有効でほしい情報となります。

お客様にとって有益な情報は何なのかを明確にしていきましょう。

顧客名簿は、ただ単に取得すればいいのではなく、今後、あなたとお客様をつなぐかけ橋とさせなくてはいけないのです。

たった10秒間！　それだけで感動を呼ぶお辞儀

基本的なことなのに、お辞儀《じぎ》をしてないスタッフがとても多くいるように感じます。ちょこっと頭を軽く下げて「ありがとうございました」というだけの販売員もいて、とても残念に思います。

何事も大切なのは、始まりと終わりです。

始まりのアプローチには、神経を集中して、第一印象をよくして感じよく接する努力をするのに、終わりのお見送りでは軽い会釈《えしゃく》程度の締めくくり。これは非常に残念です。

たいていのお客様は、お見送りされた後、店をふり返ることはありません。しかし、30人に1人、いや50人や100人に1人かもしれませんが、曲がり角や、ちょっとしたことでもう一度店をふり返るお客様がいます。

そのお客様がふり返った時、あなたがしっかりとまだお辞儀をしていたら、どう思われますか？

きっと、お客様は感動されます。

たった、30人、50人、100人に1人しかいないふり返るお客様のために、10秒間のお礼を続けられたとしたら、感動を伝える感動の販売員となることができます。

多くの販売員は、お辞儀をなかなか継続できないものです。だからこそ、10秒のお辞儀ができることは貴重だと思います。

感動とは、無駄と思えることを継続することから生まれるのです。

サンキューDMを絶対に読んでもらえる工夫

私が呉服店の新入社員だった頃、先輩の書いたサンキューDM（ダイレクトメール）を郵便局に出しに行くのが日課でした。

呉服店にとってサンキューDMは、ご購入いただいた感謝を表現する一番の媒体です。メールが普及した今でも、サンキューDMはとても効果的なツールです。

しかし、残念ながら最近は、そのサンキューDMも書かない店が増えているようです。

その理由のひとつは経費削減です。1通の切手代50円の経費を削減。

それに、サンキューDMなんてどこの店もやっていて、お客様が慣れてしまっているから効果が感じられないというお店もあります。


しかし、サンキューDMとは本来、経費対効果を考えてやるものではないのです。感謝の気持ちを伝えるのが本来の目的だからです。

1万円の商品を買ってもらって、たったの50円でその感謝の気持ちを伝えられるのです。これほど、有効な伝達手段もありません。

ただ最近は、家に帰るとポストにはドサッと何通ものDM。その数の多さに、読まずにポイ捨てされるDMも少なくありません。

サンキューDMの効果の有無ではなく、読まれないケースが増えたのも事実です。

そこで、出す以上は読んでもらえるサンキューDMをつくりましょう。以下に、絶対に読んでもらえるサンキューDMの工夫をご紹介します。


【「本日は」で書き出しましょう】

サンキューDMの出だしの言葉は、「本日は、ご来店いただきまして本当にありがとうございました」と、お買い上げ当日に書いた文章としましょう。

時々、「先日は」で書き始めているDMがありますが、たとえ翌日に書いたとしても「本日は」と、その日に買っていただいたように、昨日の販売をよく思い出し、心を込めて書き出すのです。

小さなことですが、「本日は」で書くと、まだぬくもりを感じるような温かい印象があり、より思いが届きます。

もちろん、本当にお買い上げの日のうちに書くのがベストです。


【顔を入れましょう】

チラシでもDMでも、人は人の顔に目が留まり、見てしまう特性があります。どんなにきれいな風景写真よりも、顔が写っている写真のほうが目に留まるのです。

ですから、DMにもあなたの顔写真、または、似顔絵を入れると、文字だけの紙面よりも、手に取って見てもらえる確率は高くなります。


【手書きで書きましょう】

サンキューDMの趣旨から考えれば、ワープロで書く人はいないとは思いますが、当然、手書きで書きましょう。

字が汚いきれいという問題ではなく、雑に書くか丁寧に書くかのほうが重要です。お客様を思って、丁寧に自分の言葉で書きましょう。

【ボールペンでなく、万年筆やサインペンを使いましょう】

ボールペンはDMや手紙に適していません。ボールペンは業務で使うものというイメージがあり、線も一定で温かみに欠けるので、できれば筆跡の強弱がつく万年筆やサインペンを使用しましょう。

ボールペンだと文字は細く貧弱なイメージとなりがちです。文字はちょっと太いほうが、印象がよいのです。

【お客様のお名前を大きく書きましょう】

ハガキを見て、まず見るところはどこですか？　それは宛名です。「誰宛のハガキ」なのかを見ます。そして、自分の名前がどんな風に書かれているかは気になるところです。好印象なDMかどうかの分かれ目になります。

できるだけ、相手の名前は大きく書きましょう。大きい字は、元気で印象がよいものです。

【記念切手を貼りましょう】

他のＤＭとの差別化という点でいえば、記念切手を使うのはいいでしょう。

我が社の事務所にはたくさんの記念切手があります。同じ80円切手や50円切手でも、記念切手だと、もらったほうもうれしかったり、丁寧な印象がするものです。

当たり前のことを当たり前にできることが、レジ後に大切なこと

以前我が社の30ある店舗から代表を募り、「レジの後、お客様に商品を入れたショッピングバッグを、いかに感謝を込めてお渡しできるかコンテスト」を行なったことがあります。いつもは普通に行なっているショッピングバッグの手渡し。それを各人が知恵を絞り、いかに感謝を込めたお渡しができるのかを競うコンテストです。

誰もがやっていないことをして感動してもらうのではなく、**誰もが普通にやっていることを掘り下げて、感動してもらうこと。**奇をてらったサービスよりも、**当たり前のサービスの精度を上げる。**これが、大切なことだからです。

よく朝礼などで、「お客様に感謝を込めて接しなさい」という抽象的なことを聞きますが、本当に大切なのは、「お客様に感謝を込めて接するとは、具体的にどういう行動か」ということです。

では、お客様に感謝を込めてショッピングバッグをお渡しするとは、どんな渡し方なのでしょうか。コンテストを通して我が社のスタッフが考え抜いたのが次の手順です。

レジ業務が終わり、お買い上げいただいた商品を袋に入れたら、間口まで一緒にお持ちして、右方向に行かれるか、左方向へ行かれるかをお聞きする。

左方向へ行かれるようなら、お客様の正面よりやや右寄りに移動して、お客様が右利きの場合、ショッパーの右下の部分を右手で持ち、左手で取っ手部分を持つ。

そしてお客様の右のほうへ、より持ちやすいように差し出してお渡しし、すかさず一歩下がって感謝を伝えてお辞儀をする。

右方向に行かれるようなら、ちょっと左に移動し……。と、同様の対応をする。

という結論に行き着きました。

本当に普通で当たり前のことを、徹底的に考えるコンテストとなりましたが、この当たり前のことの精度を上げ、深く深く掘り下げることが、気持ちよく買い物をしていただくためのお客様サービスであると考えています。

販売員の仕事で最も大切なことは、次回も買っていただくこと

みなさんはレジが終わり、お客様をお見送りする時、どんなことを考えていますか？

私は、いつもこう思っています。

「今日は本当にありがとうございました。次回、お会いできることを心より楽しみにしております」

極論をいえば、私達の今日の仕事がお客様のためになったかどうかは、お客様が再来店され、再び買っていただけるかどうかで判断できます。

私が20年以上の販売の仕事の中で、いつも心に思い出す言葉があります。

「一度買っていただくことは簡単だ。大切なのは、もう一度買っていただけるかだぞ」

20代の頃、販売で悩んでいた私に何気なく父がいってくれた言葉です。

小さな町の商店街に洋装店を出した両親の店は、小さい町だからこそ、お客様にもう一度来てもらえないとつぶれてしまいます。

何度も何度も、お客様が足を運んでもらえる店をつくる、それが、小さい町で生き残る秘訣であり、父と母の信条でもあったのです。

都会のショップでは、来店する100人すべてが違うお客様かもしれませんが、田舎では30人のお客様に3回以上来ていただいて、100人分の来客にしなくてはいけないのです。


もう一度会いたくなる接客、販売、店づくり。

それは、今の時代でも一番求められていることではないかと思います。

ただやっかいなのは、お客様が「もうこの店には来たくない」と思われたとしても、何が悪かったのか、その理由をもう聞くことができないということです。

自分で自分を客観的に見つめられること。他人のアドバイスや苦言をしっかりと受け止める素直さ。そんな自分というものが試されていることでもあると思います。

お客様がもう一度行きたいと思う店づくりの本質は、自分を見つめ、自分を成長させていく、そんな販売員の自分磨きにあるのではないでしょうか。

6章

「ありがとう」といわれる販売員の「自分磨き」の習慣

生活の中で「自分を磨く」15の習慣

これまで、たくさんの販売員の事例を紹介してきました。

自分を磨き、自分を成長させていくということは、自分のことだけを考えていくことではありません。

どの事例を見てもわかるように、自分を磨き、コミュニケーション能力を磨くということは、突き詰めると**「相手の立場になって考えられる」**、**「相手に喜んでもらうこと」**ということになります。

本書は、「自分を磨けば商品が売れる」というだけの本ではなく、販売員として売れることはもちろんのこと。社会的、個人的な対人関係においても、あなたの存在が相手に認められ、必要とされることであなた自身が幸せになることを伝えたいのです。

真に売れる販売員とは、**「お客様にしか評価を受けない人」**ではありません。

店のスタッフからも、後輩からも、先輩からも、家族からも、それこそ、職場の掃除のおばさんからも、**「また会いたい人」**と思ってもらうことが必要なのではないでしょうか。

もちろん、私もそんなすばらしい人間ではありません。だからこそ、私もこの終わりなき販売という仕事を続ける限り、自分磨きを続けていかねばならないと思っています。

本書で紹介してきた魅力ある販売員は、何も特別な能力を持っているわけではありません。少しでも相手にとって喜んでもらえる対応を考え、それを常に考え実践してきた結果として、販売力、人間力という魅力を手に入れたのです。

そして、あなたにもその仲間入りをしていただきたいと思います。

私達が日常生活で、自分を磨き、自己能力を開発し、相手に喜んでもらえる対応ができるようになることは、そんなに難しいことではありません。

カー用品のイエローハットという全国に300店以上のチェーン店を持つ会社の会長で鍵山秀三郎先生という方がいらっしゃいます。

2008年熊本で行なわれた経営者が集まる講演会で、私は恐れ多くも鍵山先生の前に講演をさせていただきました。

自分の講演が終わり、鍵山先生の講演を聴いた私は、とても感銘を受け、その会場で鍵山先生の著書『凡事徹底』（致知出版社）を即売会で買い込み、飛行機で熟読しながら帰ったのを覚えています。

「凡事徹底」とは、「平凡なことを非凡に努力すること」と鍵山先生は語っておられます。つまり、誰もがやっていない特別なことをむやみにやるのではなく、日常において当たり前で平凡と思われることを、誰よりも非凡に徹底的にやり通す、という意味です。

まさに、自分磨きもそうなのです。当たり前のことをどれだけ徹するか、なのです。

それではこの最終章では自分磨きの具体的な方法を紹介していきます。

一見、「当たり前だよ」と思うかもしれませんが、そこに、自分の魅力づくりの秘訣が隠されているのです。

1：人の目を見て話す、聴く

採用の面接をしていると、相手の目を見て話ができない人の多さにびっくりします。対人関係が苦手な人、緊張する人によくあることです。

人の目を見て会話をしないと、自信がないように見えます。そうすると、信頼しにくい印象を与えてしまいます。

では、目を見て会話できるようになるトレーニングをしましょう。

簡単なトレーニングです。2人で行ないます。椅子を2つ用意して、ヒザをつき合わせて座ってください。そして、黙ってジッと、互いに相手の目（または眉間）を5分間見つめ続けてください。

きっと、5分間も見つめ続けられないはずです。途中でなんだかくすぐったくなって、仕舞いには笑ってしまうはずです。でも、これを続けてみてください。あなたの対人的な苦手が克服されていきます。

目を見て話すことと聴くこと。これは人と人との関係の基本中の基本です。

実際の接客では目を見るのに慣れるまで、相手の眉間を見ながら話すといいでしょう。相手の眉間を見ているとちょうど目と目が合った状態になります。

2：必ず3回お礼をする

相手にあなたをしっかりとアピールすることとは、何も特別なことをすることではありません。

最も当たり前なことで、相手の心に残る礼儀は、お礼です。

そこで、お礼は3回するくせをつけましょう。

1回目は、その時。例えば、食事をごちそうになったら、その場で、しっかりとお礼。
2回目は、帰ってからメールや電話でお礼。
3回目は、次回会った時に、再度お礼。

このように、自分をしっかりとした礼儀正しい人、という印象を与えるためには3回のお礼が必要です。

販売の仕事であれば、購入時のお礼はもちろん、サンキューDM（レター）を3日以内に送り、後日、来店された際には、忘れずに先日のお礼をしましょう。

また、お世話になっている顧客へは、年賀状やバースデーカード、暑中見舞いなども、相手への日頃のお礼の証となります。

3：挨拶をはっきりとする

挨拶も、とても当たり前のことです。誰もがやっていることです。

そこで、「どんな挨拶をするのか」、「どんな挨拶の習慣を身につけるか」ということが重要になってきます。

元気であるに越したことはありませんが、大切なのは元気なことよりも、はっきりとした口調であることです。

あなたの最初の挨拶で伝わる印象は、相手に残るあなたの印象の80％に影響するといわれています。

元気のない挨拶をする人は、普段も元気がないと思われますし、元気に挨拶する人は、常に元気な印象を残します。

はっきりとした口調で挨拶をする習慣を身につけ、気持ちのいい好印象を相手に残すようにしましょう。

口角を上げ、笑顔でしっかりと声を出しましょう。あなたの印象は挨拶で変わります。

4：うなずきながら聴く

うなずきながら聴く人は、好印象を与えます。「また会いたくなる人」とは、話をしっかりと聴いてくれる人だからです。

しっかり聴くとは、〝しっかりと聴いています〟と、反応することです。

ですから、相手の言葉と言葉の切れ目に、しっかりとうなずくことが重要です。

3章の「お客様をその気にさせる聴き方」を思い出してください。売れる販売員は、話がうまいだけではなく、聴き方がうまいのです。

相手に気持ちよく話してもらうことが大切なのです。

「はい」、「うわ〜」、「へぇ〜」、「そうなんですね」、「いいですね〜」など、ちょっとした短い言葉が、相手の必要なもの（ニーズ）を引き出すのです。

アナウンサーは、インタビューで相手のよい部分を引き出すのも仕事です。アナウンス学校では、相づちのトレーニングもあるそうです。

私達も話を聴く時は、相手のよい部分を引き出し、かつ、あなたの好印象を残すことに気を配りましょう。

5：敬語を使いこなす

販売のロールプレイング（販売演技トレーニング）大会の審査委員をさせていただくことがあります。

いつもそこで、敬語をうまく使っている販売員が本当に少ないことに気がつきます。タメ口がポロリと出たり、まったく敬語を使えなかったりするのです。

ずばり、普段使っていないから使えないのです。言語は使わなければ、覚えることはできず、どんどん忘れていきます。

普段使っていない敬語を急に使うと、ぎこちなく、相手に不快感を与える場合もあります。敬語の達人になると、あなたの好感度は飛躍的に伸びます。

敬語は訓練するしかありません。店舗では、店長との会話を増やし、あなたの敬語チェックをしてもらうのがよいでしょう。

6：相手を名前で呼ぶ

3章で前述しましたが、心の距離を縮めるコツは、名前で呼ぶことです。たったそれだけのことですが、名前で呼ぶとあなたの印象は上がります。

相手の脳には、「名前を呼んでくれる人」としてあなたがインプットされていき、より身近に感じてもらえるのです。

相手を名前で呼ぶたびに、あなたとの心の距離は近くなっていると信じましょう。

私達販売員は、お客様の名前を覚えるのも仕事です。しかし実際は、相手の名前と顔が一致しない場合が多いものです。

心理学の面から、普段から相手を名前で呼ぶ習慣のある人は、相手の名前を憶えるのも得意なようです。

名前で呼ぶことは、対人関係の基本中の基本なのです。

7：人に興味を持つ

あなたがお客様に興味を持ってもらえないのは、あなたがお客様に興味を持っていないからです。

顧客の持てない販売員のほとんどが、お客様への興味不足です。もうひとついうと、スタッフが慕ってこない店長のほとんどが、スタッフへの興味不足です。

相手のことを知る、知りたいという興味を持ちましょう。

その興味が、あなたにも興味を持ってもらえるきっかけとなります。

部下とうまくいかない店長ほど、部下のことを知りません。

以前、スタッフとそりが合わない店長がいたので、その店長にこんな質問をしてみました。

「○○さん（スタッフ）って、何人兄弟か知ってる？」と。

すると、「さぁ……」というそっけない返事のみ。店長がスタッフに興味がないから、スタッフも店長に興味を抱いてくれないのです。

自分から相手を知ろうとすると、少しずつ関係が好転していきます。

8：共感する

お客様があなたに心を許し、信頼してもらうにはどうしたらいいでしょう。

では、あなたならどんな人を信頼しますか？

それは、自分の気持ちをわかってくれる、理解してくれる人、つまり共感してくれる人ではないでしょうか。

「わかる、わかる！　そうだよね」と共感してくれるところから信頼感や親密感は生まれていきます。

相手の気持ちをわかってあげること。これが、対人関係を良好にしていくキーワードなのです。

「どうしてお客様はそう考えるのか」と考えながら接するくせをつけましょう。

売れる店とは、店長もスタッフもお互い共感し合っている店です。

例えば、売れなかった時、立場は関係なく、みんなで悔しがる店。売れた時は、立場は関係なくみんなで喜ぶ店。

店でも対人関係でも、すべて共感できることが大切なのです。

9：表情を豊かにする（微笑み、真剣さ）

とてもきれいな顔立ちをしているのに、表情が乏しくて、魅力が半減の人がいます。これはとても残念です。

相手の頭の中に残る自分のイメージや印象は表情と比例するのです。

何度かモデルの女性と仕事をしたことがありますが、モデルの方はよくいいます。「私達モデルに大切なのは、体系を維持することと表情です」と。

トップモデルは、顔立ちよりも、表情の豊かさのほうが優先されるようです。それは、相手に残る印象というものが最優先されるからだといいます。

販売員に必要なのは、笑顔と真剣な表情を持ち合わせることです。

それも、一瞬の笑いより、長く続く微笑みが相手に好印象を残します。

手鏡を常に持ち歩き、微笑みと真剣な表情を繰り返し、朝、昼、晩と店のバックヤードやトイレでもかまいませんので、訓練して顔の表情筋に覚えさせましょう。

真剣なまなざしがあるから、微笑みが生きていくのです。

10：成功イメージを描く

2章にも書きましたが、販売も人生も成功のイメージを描けることが、成功の第一歩です。

何事においても、成功のイメージを持って取り組むくせをつけましょう。

成功のイメージづくりで大切なのは、成功した過去の自分の事例を思い出し、また成功する気になるということです。

成功した自分を思い出すことにより、自分にプラスのイメージをつくり上げることができます。

私が、初めてショップを開店した時、店に「成功ノート」という成功事例を書き込むノートを準備しました。スランプの時や、朝一番にそのノートを読むことで、イメージづくりをするのです。ぼろぼろになるまで何度も読んだものです。

成功イメージを描いた人は、成功のイメージがない人よりも確実に成功の確率が高くなるのです。

11 : ほめるくせをつける

人間関係を良好に保っている人を見ていると、共通して「ほめ上手」な人達です。

やみくもにほめているわけではなく、相手の長所を見抜く達人ともいえます。

そう、「ほめる」とは、相手のいいところを見抜き（探し出し）、ほめることです。

何でもかんでもほめる人は、逆に信頼をなくしてしまいます。大切なのは、長所を探して、ほめること。

「黙っていても見えてくるのが、相手の短所。探さないと見えてこないのが、相手の長所」とよくいわれます。

日々の中で、親しい人のいいところをもう一度、探してみませんか？

「人のいいところ探し」のくせをつけましょう。このくせがつけば、人間関係が好転していきます（3章の「ほめ上手は接客の幅を広げる」を参照してください）。

12：電話では相手の聞き取りやすい話し方をする

会って目を見て話すよりも、意思疎通が難しいのが電話です。

しかし、電話がうまい人はたいてい、仕事上手です。そこで、ここでは電話で相手に好印象を残すコツを紹介します。

【声】

声は通常よりも高い声にしましょう。電話という機械を通した声は、たいてい低くなります。

【速さ】

通常よりも速めに話しましょう。相手は耳に神経を集中させていますので、こういう場合は多少早口のほうが聞き取りやすくなります。

ニュースキャスターのニュースを読む早さを、目を閉じてジッと聞いてみてください。思ったより早く感じるはずです。

しかし、聞く耳の立っている人には、そのくらいでちょうどいいのです。

【態度】

電話は声だけでなく、あなたの心構え、態度まで相手に伝えます。

偉そうにふんぞり返って、電話をしている人の声は、何だか偉そうに聞こえます。

お辞儀をしながら相手に謝って電話している人の声からは誠意が伝わります。

電話は恐いものです。理屈ではなく、あなたの心の態度まで相手に伝えてしまいます。一度客観的に、電話をしている自分の姿と声を確かめてみましょう。

13：人のせいにしない

売れない理由をいわせたら、天下一品の説明をする店長がいます。「館内全体の客数が少ない」、「売れる商品が店に欠品している」、「立地が悪い」などなど。

人のせいにしている人は、自分に原因を求めないので成長しません。

周りの人は、人のせいにしている人に、相談をしなくなります。

そしてついに、人にせいにする人から、周りの人は去っていきます。


「人のせいにする」というのは考え方のくせです。だから治せます。もちろんすべて自分のせいではありません。しかし、原因の半分は自己責任であると考えるくせをつけましょう。

具体的には、「ひょっとして私が間違っている?」と自分に問いかけてみることです。


先日、ひとりの店長が、部下に早く出勤してといっても早く来ないと愚痴をいっていました。

そこで、指示の仕方を聞くと、「明日、ちょっと早めに出勤してね」としか指示をしていない。それでは部下も「早め」とは何時なのかわかるわけがありません。

後でわかりましたが、店長の早めというのは「30分前」。部下の早めは「10分前」でした。

正確には「明日、30分早く出勤してね」と指示を出さなくてはならなかったのです。

そこで、その店長はわかってくれました。「社長、やはり、自分の指示に原因があったのですね」と。

相手のせいにするのは簡単です。しかし、自分に問いかけることによって成長していくことを忘れないようにしましょう。

14：自分を知る

あなたは自分のことをどこまで知っていますか？

「自分のことは自分が一番知らない」――これは、ギリシャの哲学者の言葉ですが、つくづく深い言葉だなと思います。

きっと、自分のことを正確に知っている人なんてなかなかいないはずです。誰もが自分を知りたいけれどわからないのが正直なところだと思います。だから、「自分探し」なんていう旅に出かける人もいたり、占いに行ったり、自己診断テストをしたりするのです。

てっとり早く自分を知る方法をお教えします。それは、私達販売員が**販売の仕事を肯定することです**。私達の仕事は、お客様からどう見られているかがすべてなのです。

自分がいくら笑顔で接していたとしても、お客様が笑顔だと評価してくれなければ無表情と同じです。

自分がいくら元気で接していたとしても、相手が元気な人と評価してくれなれば、ただのうるさい人になってしまいます。

お客様からどう見られているか。それに謙虚に耳を傾けると、自分のことがわかってきます。自分では知ることができなかった自分の性格やくせも見えてきます。

そして、謙虚に耳を傾ける、この気持ちが、あなたの好感度のバロメーターになるのです。

15：感謝する

宗教的な意味合いはありませんが、何事にも感謝して生きる人は魅力的です。どんな仕事もそうかもしれませんが、人と接し、売上がつきまとう販売の仕事は、不満をいい始めるとキリがありません。

不満を持たず、イキイキと生きるコツ。それが何事にも感謝することなのです。

もちろん、意識しないとできないことです。しかし、毎日、毎時間続けることによって、感謝ある生活を送ることは可能だと思います。

私は何事も「常に当たり前と思わないこと」が信条です。感謝の反対語は「当たり前」だと思っているからです。

当たり前なことをふり返ってみる。そこから、感謝の気持ちが生まれてきます。

そして、大切なのは感謝を表現すること、伝えることです。

やっぱり、販売って面白い

気がつくと、私はもう20年以上も販売の仕事をやってきました。その中にはつらいこともありましたし、辞めたいと思うこともありました。だけど、店頭に出ると、つらいこと自体を忘れ、また笑顔で販売をしています。なぜかって、それは、**毎日違うお客様と出会い、毎回同じ販売なんてなくて、刺激的で面白い仕事だ**と実感するからだと思います。

人と同じトレンド商品を探している人もいれば、人と同じものが絶対にイヤという人もいる。

安くないと買わない人もいれば、高くないと買わない人もいる（信じられませんが、本当にいるのです）。

プロパー（正規値段）時期しか来ない人もいれば、セール期間にしか現れない人もいる。

雑談だけして何も買わずに帰る人もいれば、無口でまったく反応がないのに買っていく人もいる。

すぐに買って行く人もいれば、何度見に来ても決断できない人もいる。


お客様はすべて違うのです。

買い物の方法も、性格と同じようにそれぞれの人のくせなのです。10人いれば、10通りの買い方があるのです。だから販売は面白いのです。

お客様も、自分に合わせて、オーダーメイドの販売をしてほしいと思っています。

これができるようになるには、経験を積み、自分を磨き、さまざまなお客様への柔軟な対応力を磨かなくてはなりません。

こう考えると、販売ってとても奥が深いです。そして、終わりがない仕事なのです。

販売員は店で輝こう

先日、採用の面接をしたときの話です。

面接した女性は、正社員として働いていた事務職を退職してまで、憧れのショップ店員を目指してやってきたのです。そして、ショップ店員になりたい理由をこう話しました。

「以前、SHIBUYA109で接客してもらった時の店員の方が、すごく明るくて、自信に満ちていて、輝いて見えたんです！

私もあの時の店員さんみたいに、輝いているショップ店員になりたいんです！ そして、自信ある人になりたいんです。

物を売れといわれたら、まだ経験していないので、売れる！ とはいえないですが、私が輝いて仕事することによって、元気が出た！ とか、私もこんな風に輝きたい！ という人を1人でもつくりたいので、この仕事をさせていただきたいんです！」

これです！ 彼女の面接から、私達は物を売る前に、**人として輝いていなくてはいけないんだ**と、忘れていたことを思い出させてくれました。

輝いた販売員とはどんな人か？ という原点を考えさせられました。

私達の仕事は、輝いて働いている姿を見たお客様に、もう一度会いたいと思ってもらうことなのです。

完璧じゃなくていい

たくさんの販売員を見ていると、長く続けられる販売員、すぐ辞めてしまう販売員、それぞれの性格が見えてきます。

長く続けられる販売員の共通点は、「完璧主義じゃない」という点です。
逆にいえば、完璧主義の人は、なかなか長く続かない傾向があるように思います。
そもそも、私達の仕事に完璧って存在するのでしょうか？

売上は予想通りには、なかなかいかない。
流行だって、いざフタを開けてみると全然流行らなかったりする。
そして、お客様との販売にしても、「完璧な販売」なんて存在しないのです。

常に、完璧じゃないことに対応していくのが、私達の仕事。

相手にも自分にも完璧を求めて、自分を苦しめているスタッフを私はたくさん見てきました。

思い通りの数字があがらずに、自分を追い込んでいくスタッフもたくさん見ました。

この本を買ってくださったあなたも、販売という仕事に悩んでいるから、この本を手に取ったのかもしれません。

あなたが、この仕事を好きになるために、ひとつだけアドバイスさせてください。

「完璧を目指しても、完璧を求めてはいけない」ということです。

販売自体、完璧が存在しない終わりのない仕事なのです。自分磨きも、一生続く終わりのない成長です。

「だからこそ、面白い！」というくらいの余裕がある考え方をおすすめします。

完璧主義で失敗している方が、そのことに気がついて、完璧主義じゃなくなることも自己成長ではないでしょうか。

仕事は人の役に立たなければ、意味がない！

以前、ある町の商工会議所で経営者向けに講演をした時、その町の葬儀社の専務と話をしました。

葬儀社といえば、職場はお葬式場。人の不幸があった時に発生するビジネスで、産婦人科と同じく、いつ仕事が入るかわからない予定が立たないハードな仕事です。

そこで私は、葬儀社の専務に聞いてみました。「お仕事、すごく大変じゃないですか？自分の予定もなかなか立てられないのではないですか」と。

すると、意外な答えが返ってきました。「柴田さん、実は大変なんて思ったことはないんですよ。人間として生まれた限り、一番大切なのは始まり（出生）と終わり（葬式）。だから、その方の人生において最も大切なイベントのお手伝いをさせてもらっているんです。つらいとかイヤだと思ったことがないんですよ」と、その専務は笑っていいました。

どんな仕事も、人の役に立っている誇りがあるから、頑張れるんだなとつくづく感じました。

以前、私が入院した時、仲よくなった病院のトイレ掃除のおばちゃんがこういっていたのを思い出しました。

「何気なくトイレ掃除しているように見えるかもしれんけど、拭き方や磨き方の順番やコツがあるんだよ。おにいちゃんから見たら、誰がやっても一緒に見えるかもしれんけどな、私らの世界にも、初心者、中級者、上級者の区別があるんよ」

そして……

「よくも飽きずに毎日トイレを掃除してると思うかもしれんけどな、トイレを掃除する人がおらんようになったら、どうする？　汚い仕事やけど、バカかもしれんけど、とっても尊い仕事やと私らは思ってる。誇りがあるんよ」

と、顔をしわくちゃにして、大笑いしていたのが記憶にあります。

トイレを毎日真剣に掃除できるのも、仕事への誇りがあるからなんだ。そして、人の役に立っているという喜びで成り立っているのだ。と、おばちゃんの姿が胸に刺さりました。

自分のためだけに仕事をする人は、結局、仕事に誇りや理念がないから長続きしないのです。そういった人は、時給が少ないとか、人間関係が嫌だとか、もっと自分に合っている仕事があるんじゃないかと、転職を繰り返してしまいます。

一方で、仕事にやりがいを見出している人は、どんな仕事に就いても、人の役に立っているという高い誇りと理念があるから続けていくのだと思うのです。

明るくて元気な販売員になる必要なんてない

よく売る販売員のイメージとは、どんなイメージですか？

きっと、明るくて元気な販売員、押しが強そうな販売員という人物像が出てくるのではないでしょうか。

そして、そのイメージを持っているから、販売がうまくいかなくなると、明るくならなければならないとか、元気じゃなくちゃいけないと思い込んでしまっていませんか。

当社に梅村さんというよく売るトップセールスマンの店長がいます。

梅村店長を面接したのは私なのですが、その時はとても静かで、あまり話をしない、おとなしい印象でした。本音をいうと、販売員として大丈夫かな、と不安に思ったくらいです。

しかも、短所を聞くと、なんと「人見知りすることです」という答え。ますます不安になったのを覚えています。

ではなぜ採用したのか、と思われると思います。

それは、彼女には心地よさを感じたからです。

私は、何千人という販売員を見てきて、「また会いたいと思わせる販売員」は全員、心地よい空気を持つ人だと思っております。

大切なのは**お客様から見て、「心地よいレベルに達していること」**です。

よく話をする明るい人だって、心地よいレベルに達しない場合、単なるうるさい人になってしまいます。

飛び抜けて明るくなくても、元気でなくてもいいのです。お客様から見て「心地よいレベル」に達していることで、お客様も安心されるのです。

お客様の立場に立つ

お客様の立場に立ちましょう！

店長ならば、一度はスタッフにいったことのある言葉でしょう。スタッフならば、一度は店長から聞いたことがあるでしょう。

では、お客様の立場に立つとはどういうことなのでしょう。

「お客様の立場に立つこと」の意味は、よくはき違えられている場合があります。

「今日は見に来ただけだから」というお客様の言葉を鵜《う》呑《の》みにして、おすすめしないでおこうと決めることが、お客様の立場に立つことだと思うスタッフもいるでしょう。

買わないで帰ってもらうことが、お客様の立場に立つことだと思う販売員が多く、結局は隣の店で購入されることもしばしば……。

最初から「買いに来ました」といって来店されるお客様はほとんどいません。

だから、本当にお客様の立場に立つということは、**「お客様が気持ちよく買っていただく**

方法」を考えることなのです。

そのためには、それなりの経験もいるし、それなりの販売力も必要です。そして、何よりお客様からの信頼が必要です。

「お客様の立場に立つ」ということを、もう一度考えてください。

入店されるお客様は、極端にいえば、「何か買いたい」のです。

それを、しっかりとお客様の立場に立ち、幸せな買い物のお手伝いをしてあげること、それがお客様の立場に立った真の販売員でしょう。

お客様は、買いたいから店に来る

お店には毎日、たくさんのお客様がさまざまな来店動機を持って来られます。

明日、着たい服を探しに来る方もいらっしゃれば、そろそろ新作が気になって来られるお客様もいらっしゃいます。

デートの待ち合わせ時間に早く着いたから、ぶらりと無目的で来店される方もいます。

その中で、結果としてその日に買われるお客様もいれば、買わないお客様もいます。

だけど、ひとつだけいえることがあります。それは、ご来店されるお客様すべてが、「**買いたいから来店される**」という事実です。

逆にいえば、買いたくないお客様は来店されません。


「私、販売が向いてないので辞めさせてください」

本書の「はじめに」で書いた、販売員の退職願いの言葉です。

しかし、私は「販売」という仕事に向いていない人なんて1人もいないと思います。

ただ自分では気がついていませんが、お客様の立場になることに疲れただけなのです。

お客様は買いたいのです。だけど、
どう買っていいのかわからない。
何を買っていいのかわからない。
いつ買っていいのかわからない。

だからお客様は買いたくて入店されたのに、買えないでいるのです。

だからこそ、お客様に思いやりを持って、お客様にとって一番よい買い物方法を考え、教えてあげるのです。

これを「販売」といいます。

そのためには、販売員としての質の高さと経験（引き出し）の多さが大切です。

お客様に喜んでもらうため、自分の質（レベル）の向上を日々努力しなくてはいけません。

それが、この本での「自分磨き」なのです。

お客様に選ばれる販売員として、輝く働き方を目指して、自分磨きを実現していきましょう。

その努力が、お客様に「ありがとう」といわれる販売員になるための方法なのです。

おわりに

最後までお読みいただき、ありがとうございます。

このような販売員のための本を書かせていただいたことは、これまでお世話になったすべての方のおかげだと、この場をお借りして感謝を申し上げたいと思います。

私が、販売員のために本を書きたいと心から思ったきっかけは、2年前、熊本で経営者向けの講演をした際に、たくさんの方々から「柴田さんの本が読みたい」というメッセージをその会場でいただいたことでした。

しかし、私には著作はありませんでした。

お声をくださったみな様に「申し訳ありません。私には本がありません」と頭を下げて回りました。

同時に多くの方から「出版したら絶対買うから、頑張って」と声をかけていただきました。

感謝の気持ちでいっぱいになったと共に、「販売員のための本を書きたい」と願うようになっていました。

その日、同じく講師として栃木から来られていたのが、本文にも登場いただいた「サトーカメラ」の専務であり、日本全国を飛び回る人気講師で経営コンサルタントの佐藤勝人さん（ブログ http://katsuhito.exblog.jp/）でした。

自身も4冊のビジネス書の著者である佐藤さんは、全国のビジネス書出版を目指す有志が自分の企画をプレゼンする場、「出版企画会議」を同文舘出版と共催されていました。

そこで早速、佐藤氏に連絡し、出版会議に飛び入り参加させていただいたのが、出版のきっかけとなりました。

まずは、出版のご縁をいただいた佐藤勝人さんに心より感謝申し上げます。

そして、同文舘出版の古市編集長にも本当にお世話になりました。

初めて出版会議に出席した時に提出した、見よう見まねで書いた企画書への鋭い質問の連発にたじたじになった覚えがあります。

しかし、編集長のご指摘で、自分という人間と仕事をこれほど客観的に考え直した機会もありませんでした。

そして別れ際、ちょっとへこみ気味だった私に、「柴田さんならできるよ。次回楽しみしてるよ」と声をかけてくださったことを忘れません。

編集長の厳しくも温かい言葉を頂戴し、出版のみならず、人間としても成長させていただきました。

また、担当編集の津川さん。本当にありがとうございました。

津川さんの優しさに甘えてしまい、原稿提出でご迷惑をおかけしました。しかし、津川さんの出版に対しての熱い想いは大変勉強になりましたし、すばらしいものを感じました。津川さんなしにこの本は語れません。心より感謝申し上げます。

また、同じく編集部の竹並さん、戸井田さん、本当にありがとうございました。

そして、こんな私を講演講師という世界に導いてくださった元「オンワード樫山」執行役員の野村さん、「エムツー・カンパニー」社長の上條さん、心より感謝申し上げます。

さらに、講師としてたくさんの場を与えていただいております人材教育会社「エデュカーレ」の幡地社長、スタッフのみな様、本当にありがとうございます。

私に商売を教えていただき、人生の師として尊敬する「やまと」の大澤さん。また、商売に対する原点を身を持って学ばせてくださった「やまと」のみな様に感謝申し上げます。

そして、取引先のメーカー様、ディベロッパーのみな様、いつも弊社をご支援いただき、本当にありがとうございます。

そして、我が社、リリィコーポレーション、リミーナインターナショナルの従業員のみんな、社長の私をいつも支えていただき、本当にありがとうございます。

最後に、商売の楽しさと厳しさを教えてくれ、私を育ててくれた両親。いつも支えてくれている妻、そして3人の娘たち。愛犬クッキーとジョイ。家族のみんな、心より感謝しています。

2010年9月

柴田　昌孝

著者略歴

柴田 昌孝（しばた まさたか）

ネサンス・コミュニケーションズ・クラブ 代表
販売トレーナー、セミナー講師、店舗コンサルタント／メンタル心理カウンセラー資格
富山県出身。大学卒業後、呉服チェーン大手「きものやまと」入社。トップセールスとして活躍後、30歳で退職。富山でレディス洋装店の家業を継ぐ。その家業を10年でグループ会社2社、30億、最大42店舗、150名のグループ会社に成長させる。経営の傍ら、接客セミナー講師として大手企業中心に300講演を超える講演を行なう。2012年から金沢文化服装学院の非常勤講師（販売・接客の講義）を5年務める。同年より『月刊ファッション販売』（商業界）に寄稿開始。2013年には連載「柴田昌孝のお客様絶対主義」をスタートし、計52回の人気連載となる。心理カウンセラーの資格を取得し、販売員を中心とした、悩みや心のケアにも着手。カリスマ社長、かつ、あくまで現場を知るお客様目線の活動は、「販売員の代弁者」と支持される。
2017年、大病を患い、手術と長期治療を決意。同時にグループ会社を精算し、その他の全活動を休止し治療に入る。2018年に約1年の療養生活を経て、接客販売コンサルティング「ネサンス・コミュニケーションズ・クラブ」を設立。代表となる。「販売員を元気に！」のポリシーの元、販売トレーナーとして活動開始。
著書に『「愛される店長」がしている８つのルール』、『「あなたから買いたい」といわれる販売員がしている大切な習慣』（共に同文舘出版）などがある。

講演・研修セミナー（販売力、部下育成）、店舗クリニック、売上アップコンサルティング、店長・販売員カウンセリング、覆面調査等、お気軽にメールでご相談ください。
ネサンス・コミュニケーションズ・クラブ　http://www.nessance-c.club
富山県南砺市山見京願1975-2　電話：0763-82-0227　メール：shibata@lily-c.jp

お客様はあなたの接客で購入を決めている！
「ありがとう」といわれる販売員がしている6つの習慣

平成 22 年 9 月 29 日　初版発行
平成 30 年 5 月 2 日　19刷発行

著　者 —— 柴田昌孝

発行者 —— 中島治久

発行所 —— 同文舘出版株式会社

東京都千代田区神田神保町 1-41　〒 101-0051
電話　営業 03（3294）1801　編集 03（3294）1802
振替 00100-8-42935　http://www.dobunkan.co.jp

 ISBN978-4-495-59091-8

印刷／製本：萩原印刷　Printed in Japan 2010